Rでらくらく心理統計

RStudio徹底活用

小杉考司 著

講談社

はじめに

　本書は R と RStudio を使った心理統計の入門書である。

　統計に関する入門書は数多く存在する。また心理統計を学ぶにあたっては統計ソフトの利用が必須であり，様々なソフトについての解説書も多くある。本書では R およびそれを使う RStudio 環境を推奨しているが，これらを用いた解説書も多く見られるようになってきた。とはいえ，入り口はどのようなところでも，自分にあった説明，使い方がされているものであればそれがその人にとっての良書だろう。筆者の説明が誰かの役に立つことがあれば，類書のひとつであっても存在価値はないとは言えないかもしれない。

　とはいえ執筆にあたっては，本書のオリジナリティをどこに置くかを考えないわけにはいかない。想定している読者は大学で心理学を学び始めた 2, 3 年生である。課されたレポートを分析することができるように，というのが目標の一つではあるが，同時に研究への道案内として，敷居は低く奥行きは深くすることに留意した。そのため本書の後半では，データ分析に当たってサンプルデータを自分で作る，という方法をとることにした。

　実際にレポートを書いたり卒業研究をする場合，データは自分たちで取ってくるものであり，作り出すものという発想にはならないかもしれない。作り出すといえばデータの捏造にあたるのではないか，と疑問を持たれる人もいるだろう。もちろん捏造をしているわけではない。実際に研究のデータを取るときは，理想通りにいかないものである。すなわち，測定に誤差が入ったり，きちんとした反応が得られなかったり，条件ごとの人数が違ったり，データの一部が欠落していたり，と様々な問題が生じうる。言葉が悪いが，実際のデータは「汚い」のである。そうした汚いデータを使って分析法

の説明をすると，結果が曖昧だったり例外があったりして，その分析法の長所が示しにくいのである．多くの書籍には現実にありがちな，「それっぽい」サンプルデータが示されているが，本書では「理想的な」サンプルデータを作りながら説明することで，分析法の原理や考え方の筋道を明らかにすることを目指した．

　もう一つ．RやRStudioはどんどんアップデートされていく，成長するソフトウェアである．その成長こそ長所なのであるが，印刷されたテキストのようなものを準備するときは，情報が古くなったり変わってしまったりして，対応が追いつかないことがある．そこで本書ではRのごく基本的な関数しか用いないことにした．Rは様々なパッケージを活用してこそ，便利で優れた分析ができるのだが，パッケージを利用しなくてもできる分析に限定して解説している．本書の説明を読んで，不便さを感じたり限界があるな，と思っても，インターネットを介して自由に取り込むことができる，10,000を超えるパッケージ群を使えば，そうした疑問や懸念は解決される．本書の限界はあってもRの限界だと思わないでほしい．

　心理統計の楽しさを，データで遊びながら味わっていただければと願っている．

2018年8月　小杉考司

CONTENTS

はじめに …………………………………………………………………… iii

[第 0 章] R と RStudio のセットアップ …………… 1
- 0.1　R のセットアップ ……………………………………………… 1
- 0.2　RStudio を使った環境のセットアップ ………………………… 7
- 0.3　R の基礎 ………………………………………………………… 24

[第 1 章] 測定と尺度 ……………………………… 37
- 1.1　数値が表すもの ………………………………………………… 37
- 1.2　尺度水準と対応する処理・分析 ……………………………… 41
- 1.3　尺度水準と R のデータ型 ……………………………………… 46

[第 2 章] 変数を要約して示す ………………………… 49
- 2.1　代表値による要約とデータの図示 …………………………… 49
- 2.2　データの相対的位置 …………………………………………… 53

[第 3 章] 複数の変数を要約して示す ………………… 57
- 3.1　因果関係と相関関係 …………………………………………… 57

[第 4 章] 母集団と標本 ……………………………… 73
- 4.1　推測統計学とは ………………………………………………… 73

[第 5 章] 統計的仮説検定の考え方 ………………… 83
- 5.1　はじめに ………………………………………………………… 83
- 5.2　形式化しておこう ……………………………………………… 86
- 5.3　第一種の過誤と第二種の過誤 ………………………………… 89

5.4 効果量 …………………………………………………………………… 90

[第6章] 度数分布の検定 …………………………………………… 95
6.1 χ^2 検定 ………………………………………………………………… 95
6.2 クロス集計表の検定 …………………………………………………… 100
6.3 R で計算してみよう …………………………………………………… 102
6.4 χ^2 検定の展開 ………………………………………………………… 103

[第7章] 平均値の差の検定，基本的原理 ……………………… 105
7.1 用語の整理 ……………………………………………………………… 108
7.2 対応のない t 検定 ……………………………………………………… 111
7.3 対応のある t 検定 ……………………………………………………… 118

[第8章] 1 要因分散分析 …………………………………………… 123
8.1 群間要因の分散分析例 ………………………………………………… 124
8.2 群内要因の分散分析例 ………………………………………………… 132

[第9章] 実験計画 …………………………………………………… 139
9.1 要因が増えるときの注意点 …………………………………………… 139
9.2 間 × 間デザインの分散分析の方法 …………………………………… 142
9.3 内 × 内デザインの 2 要因分散分析手順 ……………………………… 146
9.4 混合計画 ………………………………………………………………… 148

[第10章] 回帰分析 …………………………………………………… 153
10.1 散布図に式を当てはめる ……………………………………………… 153
10.2 R で回帰分析をやってみる …………………………………………… 156
10.3 モデルという考えかた ………………………………………………… 165

[第11章] Rmarkdown によるレポートの作成 …………… 171
11.1 レポートをちゃんと書こう …………………………………………… 171
11.2 構造化された文章 ……………………………………………………… 176

11.3　Rmarkdown の使い方 ……………………………………………178

あとがき ……………………………………………………………… **190**

索引 ……………………………………………………………192

RとRStudioのセットアップ

この章では,具体的な心理統計のお話に入る前に,心理統計を実際に行う場合の環境を整える手続きを解説します。

0.1 Rのセットアップ

0.1.1 統計環境について

統計を学ぶことは,統計ソフトに習熟することと無関係ではいられません。統計の専門ソフトとして SPSS, SAS, Stata, Statview, HALBAU, JMP, Mplus などいくつも市販されているものがあります。SPSS や SAS はその昔パソコンが普及する前,大型コンピュータに端末からアクセスしてコンピュータを利用する時代からの歴史あるソフトウェアで,ユーザーや入門書の数も非常に多く存在します。ほかにもパソコン時代から使えるようになってきたソフトウェアは少なくなく,現在最も進んだ分析をすることができる商用ソフトウェアを 1 つ挙げろ,といわれれば,筆者は Mplus を推薦します。しかし,商用ソフトウェアに限定しないのであれば,筆者は R を推薦します。R だけで,ほぼすべての統計分析ができてしまうからです。

Rはフリーソフトウェアの 1 つで,無償で利用することができます。世界中にユーザーがおり,今やアカデミックの世界では市販ソフトを超えて最もユーザー数が多いソフトです。日本の各地で R ユーザーの会が開かれており,R に関する書籍も随分たくさん出て

きました。Rに関係する入門サイトなど，Web上での情報交換も盛んです。

Rの本体はインターネットを通じて，無償で提供されています。提供母体はR Project Foundationという団体です。上に述べたフリーソフトウェアの思想に賛同する集団であり，無償ではありますが良質のソフトウェアであることが世界中で認められています。フリーソフトウェアだから，「無償」だから心配だ，という指摘はまったく当たりません。

Rは統計環境とも統計言語とも呼ばれます。その特徴は，データをすべてベクトルで扱うことにあります。また，インタプリタ（翻訳型）言語ですので，計算が少し遅いと感じることもあるかもしれませんが，1行ずつRと対話しながら進んでいきますので，どこで問題が生じたかがすぐにわかるという教育的利点も有しています。

また，Rの本体は加減乗除はもちろん，行列の基本的な計算や統計の基本的な関数をすべて持っています。加えて，新しい統計モデルや複雑な統計モデルについては，ユーザーがCRANというネットワークを使って共有するようになっています。この付加的なプログラムのことを**パッケージ**といい，CRANには10,000を超えるパッケージが用意されています。ユーザーは，R本体と，自分のやりたい分析に対応するパッケージをダウンロードすることで，いつでも統計分析ができるようになります。様々なパッケージをダウンロードして使うといっても，その使い方はRの書式ルールに従いますので，まったく新しいソフトに慣れるという必要はなく，あくまでもRの拡張として利用していくことが可能です。

これが「Rだけでほぼすべての統計分析ができる」と断言できる根拠です。

0.1.2　Rのインストール

それでは早速，Rを自分のパソコンに入れてみましょう。インストールをするので，管理権限のあるアカウントでの実行が必要です。また，ユーザー名に2バイト文字（漢字やひらがななどの全角文字）が含まれない方がよいので，そうなっている場合には，この際，新しいアカウントを作った方がよいかもしれません。Rは日本語にも対応しているのですが，後に説明するRStudioのインストールのときなどに問題が生じやすい点の1つが，この文字コードによる問題なのです。パソコンのユーザー名，アカウント名，ファイル名などは半角英数文字にしておく方が無難です。

ところで，Rの欠点の1つは「検索で見つけにくい」ことにあります。Rという1文字ですので，検索キーワードとしては不適切です。そこで「CRAN」や「r-project」で検索してみましょう（図0.1）。R-projectのWebSite(http://www.r-project.org/index.html)には，downloadRというリンクがあり（図0.2），ここで世界各地に基盤を持つサーバの中から（どこでも結構ですが，基本的に地理的に近い

図 0.1　CRAN で検索すると Comprehensive R ArchiveNetwork がすぐに見つかる

ところからダウンロードした方がよいでしょう)，自分のマシン環境 (Linux,MacOSX,Windows) にあった R をダウンロードします（図 0.3～図 0.5）。インストーラがダウンロードされますので，それを実行するだけでインストールは完了です！（図 0.6～図 0.8）

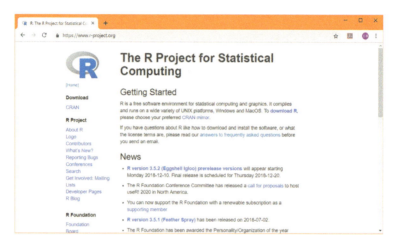

図 0.2　r-project.org のサイト。ここの downloadR から進めてもよい

図 0.3　自分の環境にあったものを選ぼう。ここでは Windows 版を選んだものとする

図 0.4　Windows 版では一番上の base を選ぶ

図 0.5　最新版をダウンロードしよう（12 月末現在で 3.5.2 が最新版）

図 0.6　このまま OK を押すだけでよい

0.1　R のセットアップ　　5

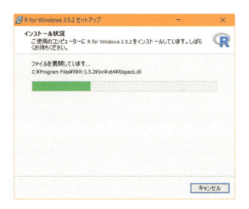

図 0.7　インストールが終わるまでしばらく待つ

図 0.8　インストールが完了した。「完了」ボタンを押そう

図 0.9 起動した R

　これで PC に R が導入されました。引き続き RStudio のインストールを行います。

0.2　RStudio を使った環境のセットアップ

0.2.1　RStudio のインストール

　次に**RStudio**のインストールを試みます。

　RStudio は R を使いやすくするための道具だと考えてください。これからは実際に統計分析のコードを書いていくのですが，書いたコードは記録としてとっておきたいものですね。あるいは，出力結果を別のファイルで使えるように図として保存したいということもあるかと思います。ほかにも，履歴の管理，入力の補完，パッケージ

の管理，ワークスペースの管理など，細々した管理，整理の作業が必要になります。しかし，R本体は先の図（図0.9）にもあったように，あっさりとした窓が1つ開くだけで，すべてコマンドで処理していかなければなりません。その点を補助してくれるのがRStudioと呼ばれる総合開発環境です。Rをキャンプ地での飯盒炊爨だとすれば，RStudioはいわばRを取り巻くシステムキッチンのような存在です。

Rstudioはそのサイト（http://www.rstudio.com/）からダウンロードできます（図0.10）。デスクトップ版とサーバ版がありますが，個人的な利用であればデスクトップ版を選ぶことになります（図0.11, 図0.12）。これもフリーソフトウェアなので，無償で利用でき

図 0.10　「Rstudio」で検索するとよい

図 0.11　デスクトップ (Desktop) 版

ます．Windows, Mac, Linux など自分の環境に応じた版をダウンロードし（図 0.13），インストールしてください（図 0.14～図 0.17）．

図 0.12　一番左の「RStudio Desktop Open Source Lisence」版を選ぼう

図 0.13　Windows, Mac, Linux など自分の環境にあったものを選ぶ

図 0.14　インストーラーが起動してインストールがはじまる

図 0.15　インストール先の選択。このまま「次へ」を押す

図 0.16　このまま「インストール」をクリック

図 0.17　「完了」をクリックしてインストール終了

0.2.2　4つのペイン

　　RStudio の起動画面は，図 0.18 のように 3 つの領域に分かれています。ここでメニューから File→New File→R Script と選び（図

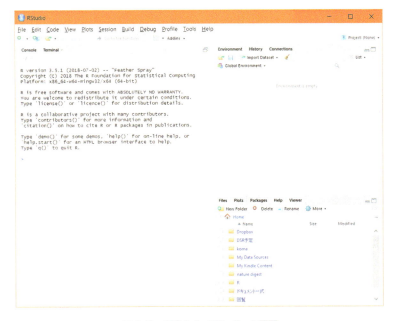

図 0.18　起動した RStudio の画面

図 0.19　新しいスクリプトファイルを作る

0.19)，新しいスクリプトファイルを開くと画面が 4 つに分かれます（図 0.20）．

この小さな 4 つの小窓を**ペイン**といいます．それぞれ左上が「Un-

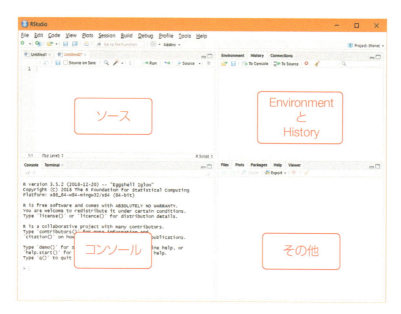

図 0.20　RStudio の基本的な 4 つの画面

titled1」，左下が「Console/Terminal」，右上が「Environment/History」，右下が「Files/Plots/Packages/Help/Viewer」となっているかと思います。この配置はメニューの Tools→Global Options→Pane Layout の画面（図 0.21）で自由に並べ替えられるので，自分の使いやすい配置に変えてもらってかまいません。

　左上の**ソース**領域は，自分が書いた R のスクリプト（R への指示書）を清書したものを記録しておく場所です。R は 1 行ずつプログラムを実行していくインタプリタ型言語ですので，やるべき処理を順に記録しておくと，いつでも結果が再現できます。

　左下の**コンソール**領域は R 本体が埋め込まれているところです。ここに直接，R への指示を書いて実行することも可能ですし，結果が出てくるのもこの画面です。しかし，1 行ずつ書いていく中で，書

図 0.21　レイアウトは自由に並べ替えができる

図 0.22　ソース領域の上部バー

き間違いなども起こりますので，実際の使い方としては**ソース**領域に指示を書いて，ソース領域の上部バー（図 0.22）にある「Run」ボタンを押すことで，その指示をコンソール領域に送って実行するのがよいでしょう。なお，上部バーの「Source」ボタンを押すと，開いているスクリプトファイルのすべての行を上から順に送り込んで

実行します。

　右上の**Environment/History**領域は，タブで Environment と History を切り替えて使います。**Environment**には実行中の R でメモリの中に保持されているオブジェクト（データ，関数，変数の総称）が表示されていますので，今扱っているデータはどのような名前か，どのようなサイズかといったことがわかるようになっています。**History**は日本語でいうところの履歴で，コンソール領域に入力されたすべてのコマンドを記録として残しています。間違った入力（エラーを含むコード）もそのまま記録されていますので，うまく動かなかった場合どこで間違えていたのか見直したり，少し前に入力したコードをもう一度実行したいときなどはここから選択して直接コンソール領域にコードを送り込むことができます（「to Console」ボタンを押すことでコンソール＝実行画面に送り込みます，図 0.23）。あるいは，残しておきたいコードをソース領域に送り込んで（清書用に）とっておくことができます（「to Source」ボタンを押すことでソース領域に送り込みます）。

図 0.23　History タブの上部バー

　右下の**Files/Plots/Packages/Help/Viewer**領域もそれぞれタブで区切られます。**Files**タブは現在 R がファイルの入出力に利用しているワーキングディレクトリが表示されています。そこで表示されているファイルはディレクトリ指定なしで読み取ることが可能です。新しいフォルダを作ったり，ファイルを削除したり，ファイルの名前を変えたり，ワーキングディレクトリを変更したりすることができます。

PlotsタブはRの描画画面です。Rでは様々なグラフ描画が可能ですが，その出力を確認したり，PDFやpngなどファイル形式を指定してエクスポートすることができます。サイズの指定も可能です。

Packagesタブはパッケージの管理をするところです。パッケージは必要に応じてRの中に取り込んだり取り外したりできます。そういった操作だけでなく，パッケージをダウンロードしたり，パッケージがアップデートされているかどうかをチェックしたり，まとめてアップデートしたり，ということがこの中で操作できます。

Helpタブでは，Rで使う関数について，わからないことがあればヘルプで調べることができます。そのヘルプの内容はこの画面に表示されます。

実際に使いはじめてみると，これらの機能がいかに便利か，すぐに実感できることと思います。

0.2.3 プロジェクトによる管理

それではさっそく，Rを使った実践例へと行きたいところですが，その前に**プロジェクト管理**について，説明しておきます。

Rで統計解析をするときは，ソースコード（スクリプト）はもちろんのこと，データファイルなどスクリプトが外部から読み込むファイルも少なくありません。画像ファイルなど，出力したものもひとところにまとめておくと便利でしょう。パソコンではフォルダで複数のファイルを管理しますが，RStudioでは履歴や一時ファイルなどRに関連するファイル群をまとめて**プロジェクト**と呼び，1つのプロジェクトフォルダで管理することができます。

RStudioによるプロジェクト管理は，関連するファイルをまとめておけるのに加え，ワーキング・ディレクトリの設定も自動的に行われますので，ファイル参照パスが短くてすむなどの利点もあります。履歴や一時ファイルもプロジェクトごとに作られます。複数の

分析プロジェクトに関わるときだけでなく，普段からプロジェクト単位で管理するよう心がけましょう。

プロジェクトによる管理の方法について説明します。起動したときは図 0.24 のように，メニューバーの上には RStudio とだけ書かれています。ここで，メニューバーにある「File」から「NewProject」を選んでください（図 0.25）。

プロジェクトを作るディレクトリ（フォルダ）を選びます。すで

図 0.24　メニューバーの上には RStudio とだけ書かれている

図 0.25　File メニューから「New Project」を選ぶ

16　第 0 章　R と RStudio のセットアップ

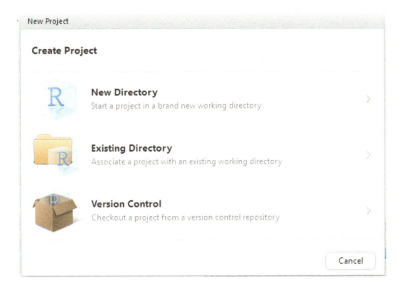

図 0.26 プロジェクトを作るディレクトリ（フォルダ）の選択。新しく作るので一番上を選ぶ。

にあるフォルダをプロジェクトの管理下に置く場合は中段の「Existing Directory」を選択しますが，新しくフォルダを作ってはじめる場合は一番上の「New Directory」を選びます（図 0.26）。

次に，作るプロジェクトの種類が聞かれます（図 0.27）。RStudio ではパッケージ開発やウェブアプリ開発など発展的な使い方もできますが，一般的なプロジェクトの場合には「New Project」を選びましょう。

プロジェクトで管理するフォルダを置く場所やその名前を指定します。ここでは Example というプロジェクトを作る例を示しています（図 0.28）。

プロジェクトができると，一見画面上は何の変化も生じなかったかのようです。しかし，メニューバーにプロジェクトフォルダ名が示されているところが違います（図 0.29）。プロジェクトを開いていない状態（図 0.24）との違いを確認してください。

0.2 RStudio を使った環境のセットアップ 17

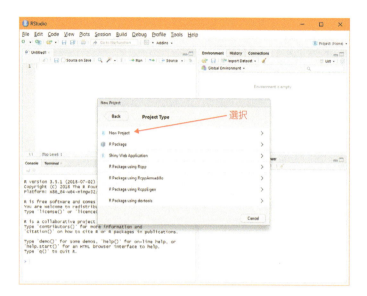

図 0.27　作るプロジェクトの種類。パッケージ開発やウェブアプリ開発もできるが，ここでは一番上を選ぶ。

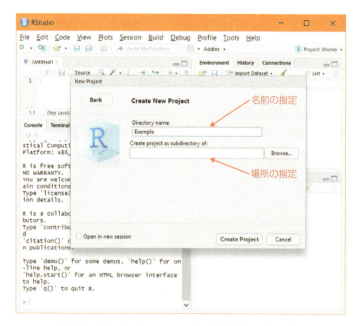

図 0.28　プロジェクトフォルダを作る場所と名前の指定

図 0.29 メニューバーの上にプロジェクトフォルダが示されている

図 0.30 対応するフォルダが新たに作られている

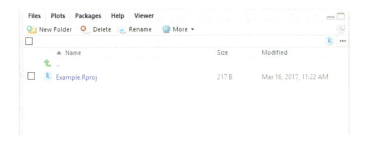

図 0.31 ファイルタブの中にプロジェクトフォルダが示されている

　また，今新しく作ったフォルダは，エクスプローラや Finder のフォルダ構造から見ても，対応するフォルダが新しく作られていることがわかります（図 0.30）。外部から読み込むデータファイルなどを追加する場合は，PC 上でこのフォルダにデータファイルを置くとよいでしょう。実際，このフォルダは RStudio の右下のペイン，File タブと対応していますので，ファイルが追加されればこの File タブの中にもそのファイルが表示されるようになります（図 0.31）。

　フォルダの中に作られた Example がプロジェクトに関する情報

を記録しているファイルです。このファイルをダブルクリックすることでRStudioが起動し，自動的にこのプロジェクトが開かれることになります。

　RStudioを起動し，プロジェクトを開いたり，プロジェクトを閉じたりするのはメニューの「File」から「Open Project」，「Close Project」を選択すればいいでしょう。もちろん，プロジェクト管理せずにRのスクリプトを開いたり閉じたりもできますが，なるべくプロジェクト管理をしたほうが便利です。

0.2.4　RStudioを介したRの使い方

　さて，これで準備が整いました。それではさっそくRを使ってみましょう。

　コンソール領域を見てください（図0.32）。英語で「R is free soft-

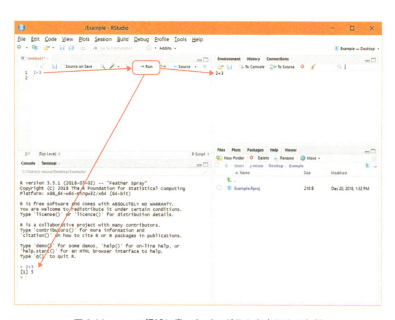

図0.32　ソース領域に書いたプログラムを実行させた例

ware and comes with ABSOLUTELY NO WARRANTY...」という字句の下の方に，プロンプト（＞マーク）が示されていると思います。このマークは，「ここにRのコードを書いてね」という場所を示しています。すでに述べたように，Rは1行ずつプログラムを実行していきますので，今から何がくるのか，聞く準備ができているよ，ということです。

ではさっそく簡単な計算をさせてみましょう。2＋3なんてどうでしょうか。「File」→「New File」→「R Script」としてスクリプトファイルを開いて，ソース領域に2＋3を書き，Runボタンを押してみましょう。

そうすると，コンソール領域にコードが送られ，結果が示されていると思います（図0.37。答えの5の前にある[1]は今は気にしないでください）。同時に，History領域を見ると履歴として記録もされています。実際にRを使っていくときは，コードが長くなることもありますし，1行では意味をなさなくても数行で1つの操作をする，ということも少なくありません。このときに，スペルミスなどの間違いが生じることも少なくないのですが，いきなりコンソール領域に書くと戻って書き直しをするのも大変です。ソース領域に書いておくと書き間違えた箇所は訂正してやり直せばいいですし，消してしまっても履歴からソースへ，履歴からコンソールへとコードを送ることが可能です。こうした環境を提供してくれるのがRStudioという総合開発環境なのです。

0.2.5　RStudioの利点

RStudioを使って分析を進めていくときの利点はほかにもあります。

1つは**コードの補完機能**です。分析を進めていく際は，いろいろな関数を書いて実行していくことになりますが，どのような関数だったかうろ覚えのこともあるでしょう。また，Rへの関数は基本的

に英語ですし，大文字と小文字も違う文字として認識しますから，スペルを間違えてしまうこともあるかもしれません。ここでRStudioを使っていると，実行したい関数の最初の3文字を入れると関数候補がリストで出てきます。関数のほかに，変数名のリストやオブジェクトのリストの候補も提示してくれるので，すべてのコードを入力せずとも，上下キーで選択し，タブキーで入力する，ということができます（図0.33）。

図 0.33　関数・変数・オブジェクト名の補完機能

また，<mark>強調表示</mark>といって，関数名やダブルクォーテーションで囲まれた文字に色をつけて表示してくれる機能がついています。視覚的にスペルミスをしていないかどうか，チェックすることができるのです（図0.34）。強調表示の色やフォントは，様々なものが選べますので，自分好みの表示スタイルに設定しておきましょう。設定は，メニューバーの「Tools」→「Global Options」→「Appearance」から行うことができます。

分析を書き進めていくときに，英語の関数がただ並ぶだけでは非常に味気なく感じますし，ぱっと見で何をしているかわからないこともあるでしょう。そんなときは，<mark>シャープマーク(#)</mark>をつけて説明を書いておきましょう。ここは日本語で書いてもかまいません。シャープマークは<mark>コメントアウト</mark>と呼ばれる記号で，この後ろに書かれたものはRで実行されません。

また，特に大きく意味や段落が違うことを表現したい場合は，メニューバーの「Code」→「Insert section」を選び<mark>ラベル</mark>を入力する

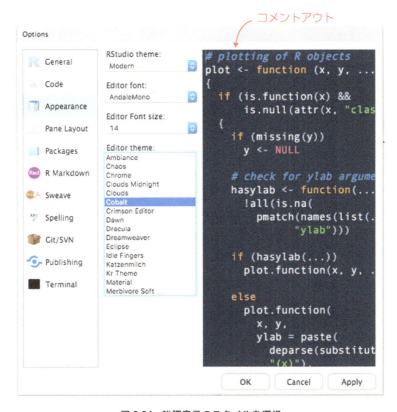

図 0.34 強調表示のスタイルを選択

図 0.35 コメントやセクション記号を入力する

ことで，切り取り線のような区切りをつけたコメントが挿入されます（図 0.35）。これはセクション記号と呼ばれますが，セクションを設定しておくと，長くなったコードでも，左下のセクション名をク

リックすることで別セクションを選択したり，ジャンプしたりすることができるので大変便利です。

このように，色とりどりな画面で，入力の補助を受けながら実行していくことができるのが RStudio の利点だといえるでしょう。

0.3　Rの基礎

それでは RStudio を駆使しながら R を使っていきましょう。まずは簡単な四則演算からやらせてみましょう。

図 0.36　四則演算と不完全な入力

図 0.36 は出力の画面を示したものです。左端の記号（>）は，R が入力待ちをしているときに示されるもの（R の表示）ですから，記入する必要はありません。コンソールに 2+3 と入力すると，[1] 5 という答えが返ってきています[1]。ここで [1] は要素が 1 つのベクトル，という意味ですが，ここでは気にしなくて結構です。

---

[1] ソース領域に 2+3 と書き，Run ボタンでコンソールに送ってもかまいません。

さて，加減乗除 (+,−,*,/) はもちろん，どれほど複雑な数値計算になってもちゃんと答えを出してくれていますね。電子計算機として使えることがわかります。

ところで，ここで式の途中で実行（改行）してみましょう。2+3 の途中，2+ で入力を止めたとします（図 0.36 の最終行を見てください）。

コンソール領域には，入力待ちを示すプロンプト (>) ではなく，プラス記号 (+) が示されています。これは「式が完了していないよ」ということで，前の行の入力の続きを待っている状態です。もしコンソール領域にプラス記号 (+) が示されていたら，式が終わっていない，括弧が閉じられていないなど，不完全な状態であると思ってください。

さて，四則演算で話は終わりません。R が優れているのは，もっともっと複雑なことをもっともっと複雑なレベルで達成できるからです。そのときのキーワードは関数と変数です。

私たちは今から複雑な計算をさせたいわけですが，計算というのはある数値（またはそのセット）A が処理されて B という別の数値（またはそのセット）になることですね。この A を B に変える操作をすべて**関数**と呼びます。関数 f に A を与えたら B になって返ってくる，という考え方です。

R では，たとえば正の平方根を出すために，sqrt 関数を使います。入力の仕方は次の通りです。

ソースコード 0.1 関数
```
1   sqrt(16)
```

sqrt 関数に 16 という数字を与えて Enter を押すと，4 という答えが返ってきましたね。このとき，16 という数字は**引数**(ひきすう)と呼ばれます。平方根を出す関数はこのようなものですが，今後様々に複雑な

処理，たとえば分散分析や回帰分析といった多変量解析をするときなどは，引数が複数になることがあります。複数の引数で，オプションの指定をするのです。ある一連の定まった処理をするためには，関数を使うのだと思っておいてください。

　関数は必要に応じて覚えたり調べたりしていけばよいのですが，関数の名前はわかるけど使い方がわからない，というときは，調べることになります。この調べるのも関数で行います。関数の使い方を調べる関数は，help 関数です。次のように入力してみてください。

ソースコード 0.2　ヘルプ

```
1  help(sqrt)
```

　help タブ領域に sqrt 関数の使い方が表示されたかと思います。残念ながらヘルプはすべて英語ですが，書き方のフォームが決まっており，「Description」に簡単な説明，「Usage」に使い方，「Arguments」に引数の与え方，「Values」に出力される値（省略されることもあります）が記載されています。下の方には「Examples」，つまり使用例がありますので，いったんその例に従って使ってみるというのも手ですね。

図 0.37　help タブ領域に示された sqrt 関数の説明

ここで注意を1つ。Rは1つずつ，一言一句正確に処理を進めていきます。そのため，命令に間違いがあってはいけません。また，大文字小文字の区別もしますので，たとえば

ソースコード 0.3　大文字と小文字の違い

```
1    help(Sqrt)
```

sを大文字のSとするとエラーが返ってきます（図0.38）。

```
> help(Sqrt)
No documentation for 'Sqrt' in specified packages and libraries:
you could try '??Sqrt'
```

図 0.38　エラーメッセージ

「Sqrt」というヘルプ文書はないよ，というエラーですね。たかが大文字と小文字の違い，と思われるかもしれませんが，逆にそこで区別できるメリットもあるので，注意して使うようにしてください。

0.3.1　オブジェクトへの代入

それでは実際にRを使った計算，分析のステップに進んでみましょう。実際の分析では，1つずつの数字（スカラー）を使った計算より，**データセット**と呼ばれる複数の数字を扱うことが多いでしょう。この数字のセットを扱うために，**オブジェクト**と呼ばれる「セットの入れ物」の使い方を解説します。

まず次のコードを入力してみてください。

ソースコード 0.4　オブジェクトに代入

```
1    obj<-2
```

画面上には何の変化もなく，次のプロンプト（>）が示されていると思います。入力待ち状態ですね。

これは何をしたかというと，objと名前をつけたものに2という数字を代入しなさい，という操作をしたことになります。代入は小なり（不等号）とハイフン，「<-」の部分で，obj←2のイメージです。さて，このobjという「モノ」はなんでしょうか。これはオブジェクトと呼ばれます。これには数字，文字，数字の束，何でも入れることができます。名前もほぼ自由につけることができ（あらかじめこの名前はつけては駄目，という予約語と呼ばれるものもありますが），操作する対象をひとまとめにしたものと理解してください。今回は「2」という1つの数字を入れておきました。あるオブジェクトの中身がどうなっているか知りたいときは，そのオブジェクト名をそのままプロンプトの中に書き込みます。

Console Terminal

```
> obj <- 2
> obj
[1] 2
```

　これは「objというオブジェクトの中身は何ですか」という問いに対して，Rが「この中に2という数字が入っているよ」と返事をしてくれた，ということです。この変数を使うと，直接数値を指定することなくオブジェクトの操作をすることが可能です。次の一連の流れを見てください。

ソースコード0.5　オブジェクトのまま計算

```
1  obj2 <- 2
2  obj3 <- 3
3  obj2 + obj3
```

　obj2というオブジェクトに「2」を，obj3というオブジェクトに「3」を代入し，obj2とobj3を足したので，「5」という答えが返ってくるはずです。

この操作だけを見ると，ただの 2+3 を面倒な手続きでやっただけに見えますが，オブジェクトの中に入るものは「何でもいい」という性質を使うことで複雑処理ができるようになっていきます。

0.3.2 オブジェクトのかたち

複数の数字を使ったオブジェクトに話を進めましょう。次のコードを入力してみてください。

ソースコード 0.6　連続した数字

```
1    obj <- 1:10
2    obj
```

入力し，Enter キーを押すとコンソール領域に 1 から 10 までの数字が示されたと思います。

Console Terminal

```
> obj <- 1:10
> obj
 [1]  1  2  3  4  5  6  7  8  9 10
```

ソースコードでは「1：10」と入力しましたが，これは R の特別な表記方法で，1 から 10 まで連続した数字，という意味です。それをオブジェクト obj の中に代入しました。中身を表示させると，確かに 1 から 10 までの連続した数字が入っています。

これらの数字は，連続していますが，10 個バラバラの数字です。数字のセットを obj に持たせているわけです。こうした数字のセットのことを，数学では，そして R でも，**ベクトル**と呼びます。R の特徴は，基本的にあらゆる数字をベクトルとして処理することにあります。

たとえばこのベクトルを 2 倍してみましょう。

> **ソースコード 0.7　ベクトルの計算**
>
> ```
> 1  obj * 2
> 2  obj
> ```

　各要素が2倍になったことを確認してください。このオブジェクトはベクトル型という変数のかたち＝型（構造）をしています。

　変数の型（構造）はほかにもいろいろあります。たとえば，1行，1列だけの数字のセットではなく，行方行・列方向に膨らんだ数字のセットは，行列（matrix）型です。データのセットをmatrix型にして，オブジェクトにしてみます。

　matrix()という関数でmatrix型であることを指定し，行数（nrow）が5であるとしたので，5行2列の行列ができあがりました。

Console | Terminal

```
> obj <- matrix(c(1:10),nrow=5)
> obj
     [,1] [,2]
[1,]    1    6
[2,]    2    7
[3,]    3    8
[4,]    4    9
[5,]    5   10
```

　この行列を2倍すると次のようになります。

Console | Terminal

```
> obj * 2
     [,1] [,2]
[1,]    2   12
[2,]    4   14
[3,]    6   16
[4,]    8   18
[5,]   10   20
```

ここで，行列要素の数字の周りに，[,1][,2] や [1,][2,],... などの文字があることに注目してください。これは行や列の番号を示しています。オブジェクトにこのまま書き加えると，該当する行，列だけを参照することができます。

Console Terminal

```
> obj[1,]
[1] 1 6
> obj[,2]
[1] 6 7 8 9 10
```

このほかにデータの構造として，list というのがあります。R で扱うデータは，**整数**や**実数**，**虚数**や**文字列**，真/偽を表す**論理型**の5種類がありますが，list はどの種類のものでも自由に組み合わせて，1つのセットとしてまとめることができます。

ソースコード 0.8

```
1  obj <- list(name=c("kosugi","tanaka","suzuki"),
2          gender=c("male","female","male"),
3          height=c(170,160),
4          weight=c(70.6,80.9,90.6,40.3))
```

Console Terminal

```
> obj<-list(name=c("kosugi","tanaka","suzuki"),
+          gender=c("male","female","male"),
+          height=c(170,160),
+          weight=c(70.6,80.9,90.6,40.3))
> obj
$name
[1] "kosuji" "tanaka" "suzuki"

$gender
[1] "male" "female" "male"

$height
```

```
[1] 170 160

$weight
[1] 70.6 80.9 90.6 40.3
```

上の例では，list() として，name, gender, height, weight など 4 つのデータを持たせました。名前，性別，身長，体重ですね。名前は 3 人分，性別も 3 人分，身長は 2 人分，体重は 4 人分，と 1 行の長さもそれぞれ違いますが，とにかくセットで持ち合わせることができる，それが list 型です。

オブジェクトの中身を変数として呼び出すためには，$マークを使います。たとえば，図 0.39 のように，obj オブジェクトの name 変数を呼び出すと，3 つの値が返ってきます。

```
>obj$name
[1] "kosugi" "tanaka" "suzuki"
```

こうしたリストの構造を見るために，str 関数が便利です。

図 0.39　name 変数を呼び出す

```
Console  Terminal

> str(obj)
list of 4
 $ name   : chr [1:3] "kosugi" "tanaka" "suzuki"
 $ gender : chr [1:3] "male" "female" "male"
 $ height : num [1:2] 170 160
 $ weight : num [1:4] 70.6 80.9 90.6 40.3
```

str関数を使うと，objがnameという文字型，genderという文字型，height, weightという数値型（number）からなることがわかりますね。

こうして，複数の変数からなるデータを持つことができるのは，統計処理をする上で大変便利なのです。しかし，このデータセットは典型的なデータの形をしていませんね。すなわち，統計処理のデータは変数ごとにデータの数は同じであるはずだからです。いい換えると，データの形は矩形（長方形）であり，今回のリストのように身長は2人分，体重は4人分，ということはふつうありません。もちろん，データの形として，1行に1人分入っていること（1行ごとにデータに関連があること）が重要です。

このように，統計に使いやすい矩形のリスト型を特に，data.frame型といいます．data.frame型の作り方は次の通りです。

ソースコード0.9
```
1  obj<-data.frame(
2    list(name=c("kosugi","tanaka","suzuki"),
3         gender=c(1,2,1),
4         hight=c(170,160,170),
5         weight=c(70.6,80.9,90.6)
6    )
7  )
```

リスト型変数をdata.frame()関数でデータフレームであると指定してやれば，行番号，変数名がついたデータフレームオブジェクト

ができあがることになります。データフレーム型はリスト型の特殊な形といえるでしょう。

0.3.3 データの読み込み

実際に統計処理をするときは，ここでやったように1件ずつ，Rに直接データを入力していくことはまれなことです。まずはテキストファイルやスプレッドシートなどにデータを入力し，それを外部ファイルとしておいておき，Rやその他の統計ソフトの中に読み込むという方法をとることが多いでしょう。

Excelなどの表計算アプリでデータを作成する場合は，普通1行に1件（1人分，1case分）のデータを入れます。変数は列方向に並べます。また，データが複数のシートにまたがってはいけません。カテゴリーが違う場合でも，区別がつくように工夫して1枚のシートに入れましょう。そのようにして入力したデータセットを，**csv形式**で保存します。保存先は当該分析プロジェクトフォルダにしましょう。csvファイルはメモ帳などでも読むことのできるファイル形式です。

ソースコード0.10　ファイルの読み込み

```
1  > sample <- read.csv(filename,fileEncoding="UTF-8",
       header=TRUE,na.strings="*")
```

関数はread.csv，その後ろにファイル名を入れ，fileEncodingや，header，na.stringsのオプションを引数として渡します。例では，headerオプションをTRUE(＝スイッチオン)，すなわち「データの1行目は変数名である」とし，欠損値を表すna.stringsオプションは「*」，すなわち欠損値の代わりにアスタリスクマークがcsvファイルに入っているよ，と指定しています。

こうしてsampleというオブジェクトにファイルの中身が取り込まれました。このとき，sampleオブジェクトはデータフレーム型に

なっていますので，その中身をstr関数や要約を意味するsummary関数，データの最初の数行だけ表示させるhead関数などで確認しておくとよいでしょう。

　もしエラーが出てうまくいかなかった場合は，エラー内容をよく見て，それがコマンドのスペルミスでないか，ファイルの場所指定を間違っていないか，よく検証してください。ファイルの場所指定にどうしてもうまくいかない場合は，ファイル名を指定するところに，

ソースコード 0.11　ファイルの選択
```
1  > sample <- read.csv(file.choose(),head=T,...
```

と書いてみましょう。file.choose() 関数は，GUIを使ったファイル指定ダイアログを表示させることができ，クリックしながらファイルを選択できることが利点です。ただし，この方法だとどのファイルが選択されたかが記録に残りませんので，やはりソースコードにファイル名を書いておくことをお勧めします。

　さて，いったんこれでRの基本的な使い方の説明を終わります。Rの機能や使い方の特徴についてはこの後，実際に触りながら随時説明していくことになります。

本書での表示例

ここで改行しています

ソースコード 7.1

```
# 乱数の開始地点を決めます。カッコの中はどんな数字でもかまい
    ません。
set.seed(7)
# データのサイズをN として決めます。今回は 10 にします。
N <- 10
# 二つのグループの平均をそれぞれmuA,
    muB というオブジェクトに入れます
muA <- 10
muB <- 20
# 二つのグループで共通する標準偏差 (分散の正の平方根)の大きさ
    を決めます。
sigma <- 10
# 二つのグループの数字を正規乱数からN 個作ります。
X1 <- rnorm(N,muA,sigma)
X2 <- rnorm(N,muB,sigma)
# 二つのグループの平均値の差をt 検定します
t.test(X1,X2)
```

コメントアウトの記号です。
実行に反映されません。

ソースコードレイアウトは上図のように行番号がついています。
入力するのはソース・ペインです。ページの都合上，一行のコードが複数行に示されていることがありますが，改行コードごとに行番号をつけていますので注意して下さい。

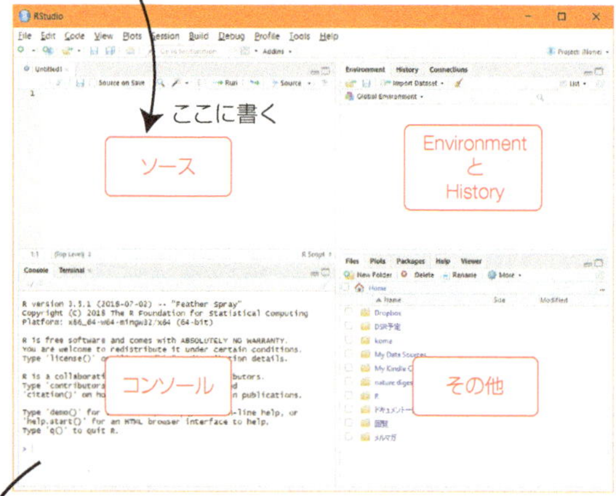

ここに書く
ソース
Environment
と
History
コンソール
その他

ここの例を示している

Console Terminal

```
> obj <- 1:10
> obj
 [1] 1 2 3 4 5 6 7 8 9 10
```

コンソール・レイアウトはコンソール・ペインに入力される（送られる）もので，行番号はつきません。実行されるコードと結果の両方が示されます。

第1章 測定と尺度

1.1 数値が表すもの

統計学はコンピュータの発展に伴って,飛躍的にその存在感を増しました。コンピュータは万能計算機ですから,大量のデータがあっても計算を間違えることなく,繰り返し処理し続けることが可能です。コンピュータの発展は爆発的ともいえるスピードで進んでおり,今やわれわれは小さなパソコンでも数千のデータを一瞬で処理することだってできるようになりました。

しかし,逆にいえば統計分析をするためには,事象を数値化してコンピュータに教えてやらなければなりません。コンピュータはあくまでも計算機であり,どれほど複雑なことをしているようでも,メカニズムとしては 0/1 のビットデータの論理演算しかできないからです。

われわれの研究対象である心理や人間といった,非常にウェットで質的なものを,客観的でドライな量的なものとして表現するとき,どの程度まで数字に意味を持たせることができるか,ということが問題になります。統計学者のスティーブンス (Stevens, S. S.) は,数値が持ちうる情報のレベルを4段階に分類しました。それぞれ名義尺度水準,順序尺度水準,間隔尺度水準,比率尺度水準と呼ばれています。

1.1.1　名義尺度水準 nominal scale

　最も低い水準は**名義尺度水準**といわれます（図1.1a）。名義尺度水準とは，1つの数値に対して1つの対象が定まる，1対1対応した数値のことです。このとき，数値に数としての意味はなく，対象との関係を指し示す意味しかありません。

　対象との対応関係しかない，といいましたが，逆にいえばわれわれが言葉にすること，命名することの最も単純な表現形として，数字を割り当てているようなものなのです。数字が直接対象を表しますから，最も意味のある数字であるともいえるし，また「言葉にできる以上名義尺度水準の数字を割り振ることができる」わけですから，どのような研究対象でも扱える数字であるともいえます。名義尺度水準でも表現できないものは，言葉にできないものですから，科学的研究対象にはなりません。

　具体的には，学籍番号や携帯電話の番号が挙げられます。ある学

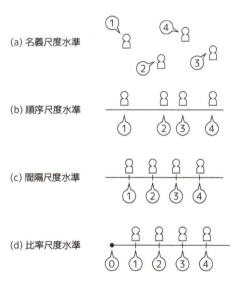

図 1.1　尺度水準

籍番号，たとえば 12345678901 は山田太郎君を指し，12345678902 は山本花子さんを指す，とします．このとき，―901 は―902 よりも小さいですが，山田太郎君が山本花子さんよりも小さい（背が低い？）ということを表すわけではありません．であれば，数字が変わっていても何の問題もないわけです．

またたとえば，性別をデータとして扱いたいとします．男性か女性かに対する答えが得られたとき，男性を 1，女性を 2 と**コード化**してコンピュータに入力することがあります．このとき，男性が女性の半分しかないことを意味するものでも，女性が男性の 2 倍であることを意味するものでもありません．男性を 2，女性を 1 としてもよいですし，男性を 99，女性を 1234 としてもいいわけです．ポイントは，ある数字（最後の例では 1234）が対象（最後の例では女性）と 1 対 1 に結びついていることであって，数字に大小，順列，正負の意味はまったくありません．

1.1.2 順序尺度水準 ordinal scale

第 2 の尺度水準は**順序尺度水準**と呼ばれます（図 1.1b）．名義尺度のように数字としての意味がまったくない状態から，「**大小関係**」が付与されているレベルにまで上がりました．

大小関係を表しているものの例として，たとえば野球ペナントレースの順位を考えてみましょう．巨人が 1 位，阪神が 2 位，広島が 3 位という状況で，それぞれ 1，2，3 という数値を割り振ったとします．このとき，1 が割り振られたチームは 2 や 3 が割り振られたチームよりも強いことを意味していますね．あるいは，3 は 1 や 2 よりも負け数が大きいことを意味しています．このように，大小関係が表されているのが順序尺度水準です．

ただし，この順序尺度水準では，大小の程度はわかりません．同じルールで，パリーグではソフトバンク，西武，日本ハムの順に 1,

2, 3という数字がついたとします。セリーグの 1, 2, 3 とパリーグの 1, 2, 3, どちらも数字は同じであっても，たとえばセリーグでは数ゲーム差の中に 3 チームがひしめき合っている状況であるのに対し，パリーグではソフトバンクが独走状態で，2, 3 位を大きく引き離している，ということもあります。つまり，同じ数字の違い（1 と 2 の差, 2 と 3 の差）であっても，その差の間隔まではわからないのです。

1.1.3 間隔尺度水準 interval scale

第 3 の尺度水準は，順序尺度水準の数値を間隔の観点で整えた，**間隔尺度水準**と呼ばれるものです（図 1.1c）。ここでは数字の間隔は等間隔であるとされています。

例として，温度の単位である摂氏を考えてみましょう。摂氏の定義は，水が沸騰する温度を 100，水が凍る温度を 0 として，その間隔を 100 等分したものです。等分していますから，間隔は当然等しくなります。

摂氏でいうところの 30 度と 40 度の差である 10 度と，40 度と 50 度の差である 10 度は同じ間隔です。どの 10 度差も同じ間隔で離れているといえます。間隔の差の比較に意味があり，数値として負の数をとることも可能です。

もっとも，間隔に意味はあっても数値そのものに絶対的な意味はありません。たとえば，水が沸騰する温度を 200，水が凍る温度を 100 として 100 等分した X 氏という単位を考えたとします。摂氏との関係は，摂氏 + 100 = X になります。これでも X 氏の数値間隔に問題があるわけではありません。摂氏と同様，大小関係やその差の比較も可能です。あるいは，水が沸騰する温度を 20, 凍る温度を 0 とし，その間隔を 20 等分した Y 氏という単位でも，10Y 氏 −0Y 氏 = 15Y 氏 −5Y 氏という比較が可能です。つまり，単位の取り方，

原点の取り方が非常に恣意的であるのがこの水準なわけです。

ただし，摂氏 40 度は摂氏 20 度の倍熱い，ということはできません。摂氏 40 度と 20 度は X 氏だと 140 度と 120 度になるわけですが，140 は 120 の倍ではありません。同じエネルギーの状態であるのに，これは変ですね。どうしてこういうことになるかというと，「どこからスタートしているか」という**原点がない**からです。これに対応するのが次の水準です。

1.1.4　比率尺度水準 rational scale

最後は**比率尺度水準**（図 1.1d）と呼ばれ，間隔尺度水準に絶対ゼロ点を導入した水準になります。比率尺度水準における 0 は，その状態がないことを一意に意味します。

たとえば物理的な単位を考えましょう。長さ，重さなどがそうです。ここで，0 cm は長さがないことを意味します。0 kg は重さがないことを意味します。間隔尺度水準は何を 0 と置くかは恣意的に決めることができましたが，比率尺度水準ではそこも厳密に規定するわけです。

比率尺度水準で得られた数値は，原点からの距離を考えることができるので，その比率を比較することもできるようになります。物理系の数字はほとんどがこの尺度水準でデータが取れるのですが，人文社会科学系の数字はここまで厳密な数字で対象を測定することができません。これが悩ましいところでもあり，面白いところでもあります。

1.2　尺度水準と対応する処理・分析

尺度水準の違いは，どのような数学的演算を施すことができるか，という分析方法の選択に関わってきます。

たとえば，名義尺度水準の変数として，性別を例にとります。男性を 1，女性を 2 としたデータを作ったとき，この変数の算術平均は何の意味も持ちません。性別の平均が 1.7 だった，ということが計算上可能であっても，名義尺度水準では数値に対応する対象が存在しませんので，実質的な意味を持たないわけです。

　同様に，50 m 走と 100 m 走の順位がデータに表されているとします。A 君は 50 m 走で 3 位，100 m 走で 8 位だったので，150 m 走で 11 位になる，ということにはなりませんね。このように，名義尺度水準や順序尺度水準に対して，加法減法といった数値処理は意味を持ちません。こうした変数に対しては，たとえば男性が 100 名で女性が 200 名だった，というように，集計することは可能です。後に触れますが，統計的な指標として算出できるのは，==最頻値==などになります。

　これに対して，間隔尺度水準では，差を検証することができるのでした。つまり加法減法までは可能なわけです。もっとも，基準となる点がありませんので，値の乗除の処理はできません。データ全体として算術平均を出すことは可能です。比率尺度水準になってはじめて，加減乗除，すべての数値処理ができるようになります。

　このように，尺度水準の違い＝算術処理が適用できる程度の違いは，その後の分析にも関わる条件になります。データを取り，数値で表現したときに，このデータはどこまでの処理ができるか，ということには十分注意をしておかなければなりません。

　もっとも，より上位の水準にある変数は，下位の情報を含んでいますから，下位互換性はあるといえます。すなわち，比率尺度水準のデータを間隔尺度水準とみなして分析するとか，順序尺度水準とみなして分析する（100 cm は 200 cm より短いことは明らかです）ことは可能です。比率尺度水準で取ったデータを名義尺度水準の分析法，たとえば度数の集計として，身長 175.3 cm が 1 人，というよう

にカウントすることは問題ありません。この場合，少しでも数値が違えば，たとえば175.4 cmの人がいるとすると，それも度数1としてカウントすることになり，数直線上にたくさんのデータが現れることになります。これはデータを考えるときに，実質的な意味がなくなります。

水準にふさわしい分析方法を常に意識しなければならない，ということです。

1.2.1 データの質と量

算術計算ができるのは，間隔尺度水準以上であるということでした。逆にいえば，名義尺度水準や順序尺度水準の数字は数字ではあっても計算ができず，尺度として扱うことはできないわけです。

そこで，間隔尺度と比率尺度水準のデータを**量的変数**，名義尺度水準と順序尺度水準のデータを**質的変数**と呼ぶことがあります（図1.2）。質的変数は数値になっていても，数量的分析ができにくいからです。

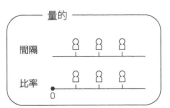

図1.2　量的変数と質的変数

もっとも，質的変数はまったく分析ができないかというと，そうではありません。質的変数の持っている数値が，そのままでは数字としての意味を持っていない，ということであり，質的変数の特性を生かして，あるいはほかの変数との関係の中から，適切な量的値を割り振ることは可能です。このことを**数量化**といいます。データ

の解釈を進めるために，よりわかりやすい数値をカテゴリに割り振るわけです。

俗に質的研究，量的研究といういい方がありますが，質的研究であっても対象を何らかの形で言葉，符号，記号化するはずです。そこに数値を割り振ることができるのですから，データはすべて量的に扱いうる，といっても過言ではありません。もちろん，割り振られた数値の意味，数値化のプロセス，数量化の目的などは考える必要がありますが，原理的にはあらゆる量的分析が可能です。

質的アプローチなので数字は関係ない，というのは決して正しい表現とはいえないでしょう。

1.2.2 心理学におけるデータの扱い

最後に，心理学のデータの扱い方として，2点補足をしておきます。

データの中には，「ある」「ない」，あるいは「正答」「誤答」といったデジタルな，2値的な区別をすることがあります。このとき，一般に1, 0の2つの数値を割り振ります。それぞれの数値がある，ない，といった事象に対応していますから，これは名義尺度水準です。

しかしこうしたデータは，名義尺度水準であっても，量的変数として計算モデルに入れることが可能です。0という数値が係数として関数の中に入った場合，その項の効果を式の中からキャンセルしてしまうことが可能だからです。こういった特殊な形式を**ダミー変数**と呼ぶことがあります。

また，心理学のデータにおいてはよく5件法や7件法といった形で，**心理尺度**を作ることがあります（図1.3）。このとき，たとえば7件法であれば，7が「最も当てはまる」，6が「かなり当てはまる」，5は「やや当てはまる」，4は「どちらともいえない」，というように数字にカテゴリーがつけられていることがよくあります。さて，こ

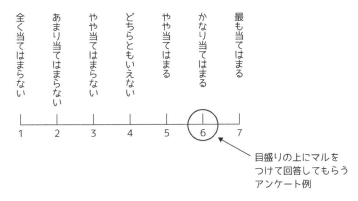

図 1.3　7 件法尺度

の数値はどこの水準と捉えればよいでしょうか。

　心理的判断は順序尺度水準，すなわち大小関係の比較しか保証できないのではないか，という考え方があります。一方で，心理尺度作成の手続きをふまえていれば，何らかの根拠で尺度値に数値が割り振られていますから，間隔尺度水準として扱うこともできます。十分な尺度作成の手続きをふまえていない場合，間隔尺度水準での情報が保持されているとは考えにくいのですが，心理学では慣例的に間隔尺度水準と見なし，その後の分析を進めることが少なくありませんでした。最近では，順序尺度水準を仮定した分析が可能になり，順序尺度変数の背後に連続変数を想定したモデルを作ることができるようになりました。

　初学者の皆さんは，まず数値がどのような水準を持っているのか十分考えてから分析をすること，適切な水準に対する適切な分析をすることを肝に銘じ，不自然でない，無理のない分析を心がけるようにしてください。

1.3 尺度水準とRのデータ型

ではここでRに戻って，前の章 (p. 33) で作ったデータフレーム型オブジェクトの構造を見てみましょう。

```
> str(obj)
'data.frame':   3 obs. of  4 variables:
 $ name   : Factor w/ 3 levels "kosugi","suzuki",..: 1 3 2
 $ gender : Factor W/ 2 levels "male","female": 1 2 1
 $ hight  : num 170 160 170
 $ weight : num 70.6 80.9 90.6
```

名前（'name'）変数のところがFactorとなっていますが，これは「要因型」，あるいは名義尺度水準であるという意味です。すなわち，実際は1,2,3という数字が割り振られているのですが，1という数字にはkosugiというラベルがついている，2という数字にはsuzukiというラベルがついている，…と解釈されていることを意味します。

一見不便な形であるように見えますが，たとえば性別や出身県など，多変量データの場合は文字列として扱うより，名義尺度水準の数字として扱うことで，複数観測されたときの集計がしやすいというメリットがあります。

2番目の変数，性別はまさに名義尺度水準で，数値のままにおいてあっても算術処理ができませんから，平均値などを出してはいけませんね。そこで，性別変数をfactor型に変換してみましょう。

factorという関数で，objオブジェクトの性別変数をfactor型であると明示し，ラベルを貼りました。その結果，objオブジェク

トを単体で表示させると，実際は数値が入っているのに（c(1,2,1) で入れました），表示上は男性 male，女性 female というラベルになっていますね。

Console Terminal

```
> obj$gender<-factor(obj$gender,labels=c("male","female"))
> obj
    name gender hight weight
1 kosugi   male   170   70.6
2 tanaka female   160   80.9
3 suzuki   male   170   90.6
```

R ではこのほかに順序尺度水準の数値型もありますが，実質的には数値型（numeric 型）か，そうでない型（factor 型）なのか，という違いが最も大きく関係してくるでしょう。自分のデータを適切な水準，型に整えてから分析をはじめるように心がけましょう。

変数を要約して示す

2.1 代表値による要約とデータの図示

2.1.1 記述統計をはじめる前に

統計学のはじまりは，データを集めてその特徴を表現するところです。さっそくこの話をはじめたいのですが，その前にデータを集めることとその表現について，いくつか注意を促しておきましょう。

まず，データには数が要るということです。なぜデータを「集める」かというと，1つや2つの事例ではわからなかったことが，たくさん集まることによってわかるようになるからです。日常会話としてはよくあることですが，「僕の経験からすると…」という場合も手元のデータが少なすぎることがほとんどですので，統計的には支持できないことが多いでしょう。もしそのような台詞をいう人がいたら，「それは20回以上同じ条件で観測されたことですか」と聞き返してみるといいでしょう。

そして，データは紐づいていないと意味がありません。たとえば国語と算数の試験をして成績を比較検討するときに，A さんの国語の点数とBさんの算数の点数を比較しても意味がありません。A さんの国語と算数の点数，B さんの国語と算数の点数…というように「同じ人」で紐づけられたデータがあってはじめて，たとえば国語の点数が高い人は算数の点数が低い傾向がある，といったことがわかるのです。特定の教科に興味がある場合でも，それに関係するいくつかの切り口がなければなりません。

最後に，データをある統計指標，代表値で表現したとしても，その指標がすべてを表しているわけではないことに注意してください。たとえば 1000 人分の身長を測定して，その平均値を算出したとします。平均値はたった 1 つの数値です。その 1 つの数値は，1000 の数値のある特徴を表現してはいますが，それがデータのすべてを表しているわけではありません。いわば，1 つの数字に 1000 の情報を圧縮して詰め込んだわけであり，情報圧縮の背景には，関心のない情報は捨てさり必要な情報だけにする，という過程があるわけです。統計の初学者はたった 1 つの指標を見て判断しがちですが，統計に慣れ親しんだものであるほど，1 つの指標を見て判断することはなく，むしろ複数の指標から統合的に判断するのだということを覚えておいてほしいと思います。

2.1.2 代表値によるデータの表現

代表値による数字の表現には，大きく分けて 2 つの系統があります。1 つは**中心化傾向**の指標であり，もう 1 つは**散らばり**に関する指標です。

中心化傾向の指標

中心化傾向の指標として，最も有名なのは**平均**(mean) でしょう。すべての数を足し合わせ，足した数で割ることで得られる数字です。

平均はよく用いられますが，必ずしもこれだけが中心化傾向の指標というわけではありません。むしろ，平均の欠点として「データに極端な値がある場合，適切な代表値とならない」という点があります。

自然のデータならともかく，社会的なデータ，たとえば年収の分布を考えた場合，高額所得者はごく少数なのに対し，低額所得者は多いことがわかっています。その場合，平均値は高い方に引っ張られるので，平均値以下の人が多数存在することになります。これで

は「えっ，平均と比べて私の年収は低すぎるんじゃないか…」といった，実感に合わない感じを多くの人が抱くことになります。

そこで，別の中心化傾向の指標として，**中央値**(median) や**最頻値**(mode) を挙げておきましょう（図 2.1）。中央値はデータを大きい順に並べたときに，ちょうど真ん中の順位の人が持っている値になります。また，最頻値は，そのカテゴリ（クラス）に含まれる人が最も多い値です。次ページの図 2.2 を見て，3 つの中心化傾向の指標の違いを把握しておきましょう。

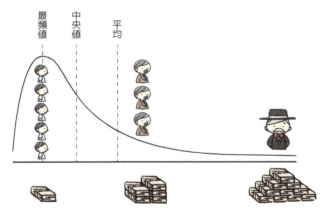

図 2.1　最頻値，中央値，平均

散らばりに関する指標

散らばりに関する指標は，たとえばテレビなどで統計指標として示されることはほとんどありませんが，統計的な観点からはむしろ算術平均よりも重要です。なぜなら，中心がどこにあるかということ以上に，中心より大きい値をとる人はどんな人か，小さい値をとる人はどうか，といったことが考えられるからです。逆に，散らばりがまったくないデータ，たとえば全員が「はい」としか答えないようなデータは，そこから回答者の特徴をつかむことができません。

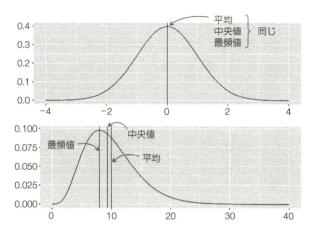

図 2.2 左右対称の分布であれば 3 つの中心化傾向の指標 (平均, 中央値, 最頻値) は揃う (上図) が, ゆがんだ分布の場合, 3 つの中心化傾向の指標は異なる (下図)

皆一様だからです。そういった意味で, データの散らばりとはそこから情報を引き出せる上限であり, 重要な意味を持ちます。

散らばりに関する指標は次のようなものがあります。

分散(variance) 散らばりの指標の代表格の 1 つで, 今後の統計処理にもよく使われます。意味としては,「各データが平均からどれぐらい離れているか」すなわち「平均値からの差の二乗の平均値」です。算術処理をしますので, 間隔尺度水準以上の数値でなければ計算してはいけません。

標準偏差(standard deviation; SD) 分散は「平均から離れている程度」を平均からの差の二乗で計算します。元データの単位を二乗しますので, どうしても値が大きくなりますし, 何より元のスケールと比較することができません。そこで分散の正の平方根をとったこの標準偏差を散らばりの指標として用います。

最大値 (max), 最小値 (min) データの中で最も大きい値と最も小さい値です。これらも立派な統計指標です。

範囲 (range) 最大値から最小値を引いたものです。これも「データがどれぐらいの幅を持っているか」を意味するので，データの散らばりの幅を知る情報源になります。

四分位 (quantile) データを小さい順に並べたとき，下から全体の 25% の人がいる所が第一四分位，75% の人がいる所が第三四分位です。第二四分位は中央値と等しくなります。

パーセンタイル (percentile) 四分位のように「四分割」と決めるのではなく，下から全体の $p\%$ の人がいる位置，を指標とするのが p パーセンタイルです。

これらを複数組み合わせて，データの読み取りに活用しましょう。

2.2 データの相対的位置

　データを様々な記述統計量で表現できるようになれば，各変数についての特徴は明らかになりますが，変数間の比較はそのままでは困難です。なぜなら，変数ごとの単位が異なるからです。たとえば身長の平均が 175 cm，体重の平均が 60 kg だとして，175 と 60 を比較して 175 の方が大きいね，というのはまったくのナンセンスです。

　また，個人の身長が 175 cm で体重が 60 kg というとき，背が高くていいね，といいたくなるかもしれませんが，平均身長 200 cm のバスケットボール部に所属している選手であれば，他の部員と比較して背が低いことに悩んでいるかもしれません。

　それでも，身長や体重といった生態学的なデータは比較的目安がつけやすいものですが，心理的な反応を尺度でとる，といった場合，あるいは潜在的な能力をテストで測る，といった場合，素点が意味することは少ないといわざるを得ません。新しく作られた K 式英語検定で 750 点でした，といわれても満点がいくらなのか，平均点が

いくらなのか，といったことが示されなければその価値を推し量ることができないでしょう。

そこで，データの記述の方法として，データ全体の中で相対的にその数値は大きいのか，小さいのか，といったことを表現することを考えます。これをデータの**標準化**といいます。

2.2.1 データの標準化

データの標準化は，平均の位置を統一し，分散の幅に対してどの程度平均から離れているか，ということを指標にすることで得られます。具体的には，「素点 − 平均点」を幅の大きさ，標準偏差で割ることで求められます。このようにして得られた得点を **Z 得点** ともいいます。Z 得点になったデータの平均は 0，分散は 1 です（図 2.3）。

標準化されたスコアは，正負が平均値に比べて大か小かを表し，絶対値が標準偏差の何倍平均から離れているかを表す数値となっています。

平均と分散が整えられているので，異なる単位どうしから得られた変数であっても比較可能です。すなわち，身長の標準得点が +1.5

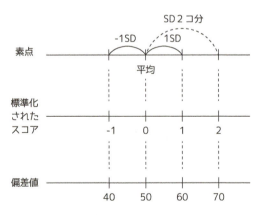

図 2.3 標準化されたスコアと偏差値

で，体重の標準得点が+1.3 なら，身長の平均からのずれの方が体重のそれよりも大きいことがわかります。

残念ながら，この標準化された値は，小さな値になるので直感的にわかりにくくなっています。そこでこのスコアを 10 倍して 50 を足すと，平均 50，分散 10 の数値になります。これが学力考査などで用いられる**偏差値**です。

2.2.2 正規分布

人間の身長や体重といった生理的な指標，あるいは学力や態度といった内的な指標は，一般に多く集めるとある中心をもとに両裾が緩やかなカーブにそって減じていくような形をとります。この分布の理想的な形を**正規分布**と呼びます。別名ガウス分布とも呼ばれます。

さて，この関数が，平均 0，分散 1 の標準化されたものである場合，特に標準正規分布といい，グラフで表示すると図 2.4 のようになります。

この分布は平均値，中央値，最頻値のいずれも等しく 0 になりますし，すでに述べたように自然な反応をする数値はこの形を当ては

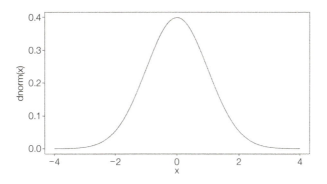

図 2.4 　R による作図。curve(dnorm, -4, 4, type="l") を実行。

められると考えられています。そこで，この標準正規分布の特徴を詳しく知ることで，統計的推定や検定についての情報のヒントを得ることができます。この標準正規分布は，ガウスが測定誤差の分布を計算する中で見いだされたものであり，心理学的測定法における誤差の扱いも正規分布に従うとの仮定をおくことが少なくありません。標準正規分布は $\pm 1\sigma$（標準偏差）の間にデータ全体の 68% が，$\pm 2\sigma$ の間に 95% が，$\pm 3\sigma$ の間に 99% が含まれることがわかっています。もし得られたデータが正規分布すると考えられるのであれば，平均と標準偏差を使って全体像を推測するときに，この割合が使えると考えられます。

もっとも，社会的なデータについては必ずしもこのように美しい左右対称の正規分布に従うことはないといえるでしょう。たとえば現代社会における所得の分布を考えると，少数の圧倒的に多い所得を持つものと，多数の低所得者層とによって形成されています。このような場合，分布は左に偏るし，平均値と中央値，最頻値がそれぞれ一致しないため，適切な代表値でその特性を表現する必要が生じます。

以後の分析においても，正規分布を仮定した上での話が進められることが少なくありませんが，手元にあるデータが本当に正規分布に従うのかどうかについて，十分検証してから手続きに進む必要があります。

中心から両裾に緩やかなカーブを描く分布を正規分布という。そのうち，平均 0，分散 1 で標準化された分布を特に標準正規分布と呼ぶ。

複数の変数を要約して示す

3.1 因果関係と相関関係

　ここまでは，データの中でも 1 つの変数についての特徴を記述してきましたが，次に変数「間」の関係，すなわち複数の変数が互いにどのような関係にあるかを記述する方法について考えましょう。

　2 つの変数の間に関係がある，というのを想定するのは，たいていその 2 つの事例が同時に起こる，同じように変化するという場合です。変化が共に起こる関係，ということでこれを共変関係といい，これをどのように表現するかについて，共起関係，距離関係などの表現が考えられます。

　しかしその前に，より根本的な意味で変数間の関係には，大きく分けて相関関係と因果関係の 2 種類があるといえます。相関関係は，変数の間に相互に影響し合う関係がある，という意味であり，実質的に「関係がある」ということを示すのみです（図 3.1）。因果関係は相関関係の特殊な場合で，相関関係のある変数が，いくつかの厳しい条件をクリアしたとき，どちらかが原因で他方が結果となる因果関係があると認められます。その条件として，いくつか挙げておきます。

時間的先行性　原因となる変数が，結果となる変数より先に生じていること。

関連の強さ　原因変数以外に結果を引き起こすことがないこと。あ

理由はないけど
同時に起こることなど
相関

原因が先行し
結果が生じる
因果

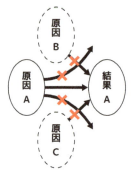
他の原因はなく他の結果もないことが
因果の証明には大事

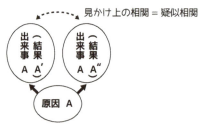

図 3.1 相関関係と因果関係

るいは原因変数が他の結果を引き起こすことがないこと。泥棒を捕まえたらそのほとんどがパンを主食としていたからといって，パンを食べると泥棒になるという因果関係は見いだせないでしょう。

関係の普遍性 いつ，どこで，誰が検証してもその関係が見いだせること。

関係の論理的整合性 因果関係を設定することに合理的に正しいと判断できること。

これらの条件が満たされないときに，相関関係にある変数関係を因果関係的に理解するのは誤りです。厳密にいうと，ある時点における集合調査で得られた結果から，因果関係を特定するとまでいうのは，主張として強すぎるといわざるを得ません。調査研究では，因果関係まではいえないと考えておくべきです。せいぜい，因果関係を想定できるというにすぎず，多くの場合，逆方向の因果関係すら考えることも可能です。

また，相関関係があると考えられる場合でも，そのことだけが変数間関係の特徴であると考えるのは早計です。例えば，1日に飲むコーヒーの量と，糖尿病になる人の割合から，この2変数間に相関があると考えてしまうかもしれません。ですが，コーヒーを飲むときに，砂糖は入れないか，一緒にケーキなどを食べていないか，という背後に隠された変数があって，その結果見かけ上相関があるように見えている場合があるのです。こういった例を==疑似相関==といい，誤った結論に導いてしまうこと（しまわれること）に注意しなければなりません。

3.1.1 質的変数の相関関係の表し方：クロス集計表について

相関関係をデータで表現することを考えます。まず，名義尺度水準で得られた2つの変数の，相関関係を考えます。

名義尺度水準のデータは，カテゴリ間に連続性がないので，集計する場合も度数でカウントすることになります。2変数の場合は両方のカテゴリに該当するケースを集計する表を書くことになります。

これを**クロス集計表**とか分割表，contingency table などと呼びます。3 変数以上になると，三重クロス，四重クロスなどと呼ぶこともあります。

R に入っているサンプルデータでこれを見てみましょう。悲運にも処女航海で氷山にあたって沈没したタイタニック号の話はご存知だと思いますが，タイタニック号に乗っていた乗客がどのような経済的地位（クラス）だったか，性別，年齢，生存したかどうか，といった関係についてのデータが，サンプルデータとして組み込まれています。読み込んでデータを見てみましょう[*1]。

ソースコード 3.1　タイタニックデータ

```
1   data(Titanic)
2   Titanic
```

最初に示されるのは，年齢が子供（変数名 Age の値が Child）で助からなかった（変数名 Survived の値が No）人たちの，性別とクラスのクロス集計表です。さらに，大人（変数名 Adult）で助からなかった人たち，子供で助かった（変数名 Survived の値が Yes）人たち，大人で助かった人たちが出てきます。なお，class の 1st は一等客室を，2nd は二等客室を，3rd は三等客室を意味します。

Console Terminal

```
> data(Titanic)
> Titanic
, , Age = Child, Survived = No

       Sex
Class   Male Female
  1st     0      0
  2nd     0      0
```

[*1] タイタニック・データは表形式のデータになっています。手持ちのデータから表を作成するには table 関数を使う必要があります。

```
   3rd    35     17
   Crew    0      0

, , Age = Adult, Survived = No

       Sex
Class   Male Female
   1st   118      4
   2nd   154     13
   3rd   387     89
   Crew  670      3

, , Age = Child, Survived = Yes

       Sex
Class   Male Female
   1st     5      1
   2nd    11     13
   3rd    13     14
   Crew    0      0

, , Age = Adult, Survived = Yes

       Sex
Class   Male Female
   1st    57    140
   2nd    14     80
   3rd    75     76
   Crew  192     20
```

　四重クロスなのでわかりにくいため，条件を大人の男性に絞ってみましょう。データセットの一部を抽出するには，オブジェクト名の後ろに"[ ]"（大カッコ）をつけます。Titanic オブジェクトは，Class（経済的地位），Sex（性別），Age（年齢），Survived（生存したかどうか）の4つの条件が組み合わさっていますから，大カッコの中はこの条件順に「抽出したい水準名」を書くことで，該当する要素だけ抜き出せます。

```
> Titanic[,"Male","Adult",]
     Survived
Class  No Yes
  1st 118  57
  2nd 154  14
  3rd 387  75
 Crew 670 192
```

これが二重のクロス表です。これを見て，（大人の男性の）乗組員 (Crew) の多くは助からなかったんだな（670 人），と読むことはできますが，そもそも乗組員は総数が多いのです。そこで割合で表す相対度数で考えることにしましょう。相対度数で考えるには，関数 prop.table を使います。この関数に表形式のオブジェクトを渡してやると，相対頻度に換算してくれます。相対頻度にする場合は，行和を全体とした比率にするのか，列和を全体とした比率にするのか，総合計を全体とした比率にするのかを指定してやらねばなりません。これは prop.table 関数のオプション margin で指定することになります。例えば行の比率に対して考える場合，オプションとして margin=1 を設定します。

```
> prop.table(Titanic[,"Male","Adult",],margin=1)
     Survived
Class         No         Yes
  1st  0.67428571  0.32571429
  2nd  0.91666667  0.08333333
  3rd  0.83766234  0.16233766
 Crew  0.77726218  0.22273782
```

これを見ると，行和が 1.0 になっているので，各クラスごとの相対的な頻度になっています。ここから確かに乗組員の 7 割以上が亡くなっているのですが，三等客室 (3rd) や二等客室 (2nd) の人の方

が，死亡率は高いことがわかります。

オプションを 2 にすることで，列ごとの比率を見ることができます。

```
> prop.table(Titanic[,"Male","Adult",],margin=2)
     Survived
Class         No        Yes
  1st  0.08878856 0.16863905
  2nd  0.11587660 0.04142012
  3rd  0.29119639 0.22189349
  Crew 0.50413845 0.56804734
```

これを見ると，助かった人，助からなかった人，いずれも半数は乗組員だったことがわかります。相対度数を見ることで，こうした意味のある比較ができるようになります。行の比較は列の比率を，列の比較は行の比率を見ることで，様々な情報を読みとることができます。

もっとも，この方法では，「多い，少ない」の判断が比率の数字を見た上での主観的な判断になること，また，相関関係（あるいは関係の強さ）はわかるが因果関係までは明らかにすることができないこと，という問題があります。前者の問題については，統計的仮説検定の方法を使うことにより対応できますが，それは 5 章までお待ちください。

3.1.2　量的変数の相関関係の表し方：共分散と相関係数

量的変数における相関関係の指標は，ピアソン (Peason) の積率相関係数に代表されます。その前に，分散と共分散について理解しておきましょう。

分散とは，ある変数がどの程度の散らばりを持つかについての指標でした (p.52 参照)。算出式は，「『「平均からの差」の二乗』の平

均」で表されます。平均からの差を二乗するのは，プラスマイナスという方向性を考えないためでもあります（図3.2）。ではここで，変数が2つ，xとyがあって，xの方向の「平均の差」とyの方向の「平均の差」を掛け合わせることを考えましょう。

こうすることで，あるデータが2つの変数について「どちらも平均より大きい場合」と「どちらも平均より小さい場合」は，左下から右上にかけて（図3.3の矢印方向）の広がりを，「一方が平均より大きく，他方が平均より小さい場合」は左上から右下にかけての広がりを表すことになります。この「斜め方向の「平均」」が共分散と呼ばれ，2つの変数においての足並みの揃い具合，いい換えれば関係の強さを表す数字になります。

もっとも，XとYがたとえば身長と体重のようなものであれば，その単位が異なるため，共分散の単位は実質的な意味を持たないし，別

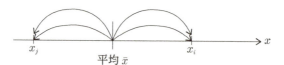

図 3.2 分散の式の意味

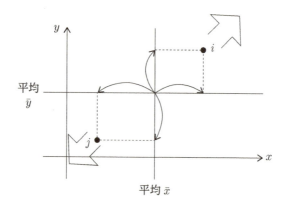

図 3.3 共分散の式の意味

の共分散（たとえばXとZ，身長と所持金）との大小関係を比較することもまた意味がないでしょう。単位の大きさが違いすぎると，比較できないのです。

こうした問題，すなわち変数の単位による大きさの違いを解決するのが標準化のプロセスだったのでした（p.54 参照）。この共分散を標準化したものが，ピアソンの積率相関係数，または単に相関係数と呼ばれるものです。数式自体は複雑なので示しませんが，計算機を使えば瞬時に計算してくれます。

こうして算出された相関係数は，最大で 1.0，最小で −1.0 であり，前者を正の完全な相関，後者を負の完全な相関といいます。実際の値はこの両者の間に入るわけで，その大小関係から次のような目安があります。

- $|r| = 1.00$ 完全な相関がある（図 3.4 a,i）
- $0.70 < |r| < 1.00$ 高い相関がある（図 3.4 b,h）
- $0.40 < |r| < 0.70$ 中程度の相関がある（図 3.4 c,g）
- $0.20 < |r| < 0.40$ 低い相関がある（図 3.4 d,f）
- $0.00 < |r| < 0.20$ ほとんど相関がない
- $|r| = 0.00$ 完全に無相関である（図 3.4 e）

実際の社会調査データなどから高い相関係数を見いだせることは少なく，中程度，あるいは低い相関をもとに考察をしなければならない場合も少なくありません。しかし，関係の強さが論理の根拠となるのであれば，その数値の解釈には厳格であるべきでしょう。

3.1.3 相関係数の図による表現

相関関係にある量的変数は，2 変数を縦軸と横軸に配置し，サンプルをプロットした散布図を描くと理解が進みますし，また 3.1.4 に述べる誤解に陥ることがありますから，データを得たら，まず散布図

を書いてみることをお勧めします。完全な相関関係にある場合，散布図を描くと一次関数のように一直線になります。逆に，無相関である場合，散布図を描くと円のように，あるいは全体にまんべんなく散らばることになります。それ以外の相関係数は楕円形にふくらんでいくようなイメージです（図3.4）。

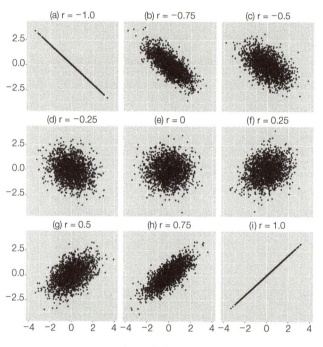

図3.4 様々な相関係数の散布図

3.1.4 相関係数に騙されないように

相関係数を算出することで，変数間関係の強弱がつかめることは確かにわかりやすい表現ではあるのですが，必ずしも相関係数が正しい変数間関係を表しているとはいえないことがあります。ここでは，注意すべき事例を3つ紹介しておきます。

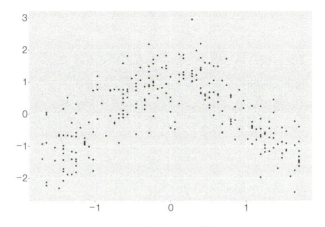

図 3.5　線形関係にない散布図

線形関係にない場合

たとえば図 3.5 のような散らばりをしているデータは，相関係数は $r = 0.012$ となります。この 2 変数はほとんど相関がないわけですから，関係ないのでしょうか？

心理学的に，適応的であるとは中庸であることである，という結論がしばしば導かれます。たとえば個性はありすぎてもおかしいし，個性がまったくなくても面白くないものです。適度に個性的な側面を持つことが，社会的に望ましいとされているわけです。あるいはまた，生理的なデータとして，血圧は低すぎても高すぎてもよくありません。やはり適切な範囲内にその数値が入っていることが望ましいわけです。

たとえば血圧と他の健康を測る指標（評定データでもよい）の相関係数を算出したとすると，相関係数として高い値が出ないでしょう。これは，血圧が中程度であることが健康度も高く，高すぎたり低すぎたりすると健康度が低いからです。散布図を描くと，このような例は，U 字型に散布します。あるいはまた，図 3.5 のような逆

U字型に散布するようなデータでも，同様に相関係数としては低くなります。

相関係数の散布図の例（図3.4）からも明らかなように，相関係数は二変数間の直線的関係を表す指標です。直線的でない，しかし関係の深い変数というのは，それはそれで存在します。相関係数だけを見て変数間関係を考えるのは早計であり，散布図を描いて考える必要があるといえるでしょう。

群が混合している場合

データ全体の相関係数を見るとほぼ無相関で，この変数間には関係がなかったのか，と落ち込む前に，サンプルに異質な群が混在していないかを疑ってみるのもいいでしょう。いくつかの群が混在して，相関関係が正しく評価されないケースもあるからです。

図3.6を見てください。このデータを見ると，全体的には相関が

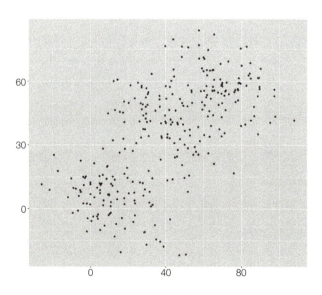

図3.6 全体的な散布図

あるように見えます．実際に相関係数を算出すると $r = 0.65$ になりました．

ところが，このデータは 3 つのグループから得られたものだったとしましょう．グループごとに区別して描いたのが図 3.7 です．グループごとに見ると相関係数はむしろマイナスで，$r = -0.3 \sim -0.4$ になります．

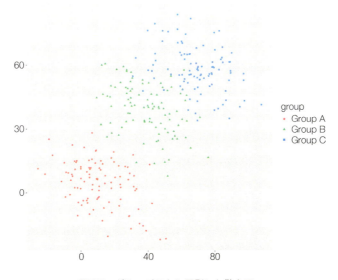

図 3.7　グループごとに区別した散布図

こうした例は，3 つのグループにおけるそもそもの平均の差，あるいは関係の強さに差があるのに，それが混合することで，全体の傾向が変わってしまった例です．

現在の統計技術では，こうしたグループの差を考慮した分析もできるようになっています．こうした分析方法を使うときは，もちろん事前にどのようにしてデータが集められたかがわかっている必要

がありますが，それに加えて，面倒でも数字だけで判断するのではなく，散布図を描いて確認する必要があります．

打ち切りの効果

大学の入試成績(センター試験の得点など)と，入学後の成績(GPAなど)は，一般にあまり相関が高くないといわれています．では，入試成績は大学生の学力を見るテストとしてふさわしくないのでしょうか？

実はここにはデータを取るときのトリックがあります．入学後の成績は，入試の成績をパスできた人だけからとることができるデータであり，パスしなかった人の入学後の成績をとることができないため，本来関係するであろう入学前の学力と，入学後の学力（本当に見たい変数は「学力」であったことに注意）の正確な関係を算出できていないのです．いわば，片方のデータを打ち切ることによってそちらの分散を小さくしているのです．結果として相関係数も小さくなりがちですので，これをもってして入学に意味はない，ということはできません．

図3.8にこのような例を示しました．入学試験が60点以上の人だけが入学できたとします．すると入学後に手に入るデータは線分より右側だけになりますので，ここだけの相関係数を計算すると$r = 0.51$になります．全体の相関係数は$r = 0.70$もあったのに，です．

このように，数字だけを見るのではなく，データの散布図を描いたりデータの特性に応じた分析をするよう注意しましょう．

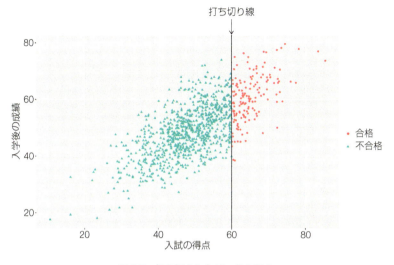

図 3.8　打ち切られたデータの場合

3.1　因果関係と相関関係

母集団と標本

4.1 推測統計学とは

3章までは，目の前にあるデータを対象とした特徴の記述をする統計学，すなわち記述統計学を学んできました。この章からは，推測統計学という考え方を学んでいくことになります。推測統計学は，手に入れたデータだけではなく，その背後にある母集団（population）の特徴を，手元のデータ（標本，サンプル sample）から推測しようとするときの考え方です。

心理学の研究対象は，究極的には人間全体です。しかし，どのような研究であっても，世界中の人間一人一人に対して調査をすることは不可能です。日本の国勢調査は，5年に一度，すべての日本居住者に対して調査が行われますが，それでもせいぜい日本全体です。5年に一度というのはデータの整理に時間がかかるからで，しかも完全に間違いないデータか，といわれるとそうとも言い切れないわけです。つまり，真面目に全数調査（悉皆調査）をすることができない場面というのは，心理学の研究だけでなく，多くの社会科学分野で存在します。

そこで，全体を代表していると考えられる標本を抽出する（サンプリングする）ことになります。偏りが出ないように抽出するためには，**無作為抽出法**（**ランダムサンプリング**）という方法が必要とされています。このほかにも，社会調査の場面では層化抽出法，系統抽出法など，対象の決め方，抜き出し方など様々な技術がありま

すので，この点について詳しくは他書にゆずります。

さて，抽出された標本をもとに，記述統計量を算出することが可能です。この指標は手元にあるデータの特徴で，特に**標本統計量**と呼ばれます。推測統計学では，この標本統計量を手がかりにしながら，母集団の統計量，すなわち母数がどのようになっているかを知ろうとするわけです。

4.1.1 推定と検定

ある標本の特徴，たとえば平均値が算出されたとします。この平均値から，母平均がどのような値になっているのか，これを言いあてたいとします。これは (母平均の)「**推定** (estimate)」といいます。推定の方法には，**点推定**と**区間推定**とがあります。点推定は，標本統計量から，母数を○○である！と一点張りする方法です。区間推定はもう少し慎重で，標本統計量から，母数は○○〜△△の間に存在する（そしてその確率が◇◇%ぐらいだ）という表現をします。

もう1つ，推測統計学の有名な手法に「**検定**(test)」があります。これはサンプルの特徴が母集団でも成立するかどうかを検証しよう，という考え方です。たとえば，標本を2つのグループAとBに分けたとします。グループAの平均値と，グループBの平均値を見たところ，グループAの方が大きかったとします。では母集団についても同じことがいえるでしょうか？　たまたま今回のサンプルがそのようになっただけで，別のサンプルを取ったら別の結果が出てしまうようなことはないと言い切れるでしょうか？　これを検証してみよう，というのが検定という考え方です。

検定の考え方は，**有意性検定**ともいわれます（漢字に注意してください。「優位」ではありません。英語では significant です）。統計的に意味があるといえるか，という考え方だからです。有意性検定には，比の検定，差の検定，分布の検定など様々な種類があり，そ

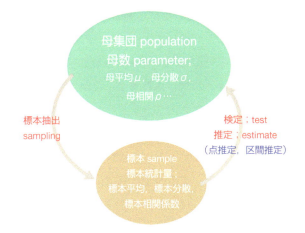

図 4.1 推定と検定

れぞれを熟知し使いこなすのは大変です。これからその話をしていくわけですが、その前に1つ大事なことを注意しておきます。

有意性検定にこだわりはじめると、「統計的に有意といえるかどうか」だけに留意しがちですが、**統計的に有意ではあるけれども実質的に違いがない**、ということがありえます。あくまでも実質的な違いが大事であって、その次に統計的なチェックをする、という優先順位を間違えないようにしてください（この件については、後ほど効果量の話題のところ、5.4節で触れることになります）。

4.1.2 推測統計学の基本原理

推測統計学の基本的な考え方は、「標本平均の平均は母平均に一致する」というものです。

母集団から標本を取り出し、標本統計量を算出しても、それがまったく母数と一致することはないでしょう。しかし何度もサンプリングを繰り返して、そのつど算出される標本平均の平均を求めていくと、母平均に近づいていく、というのです。

この原理について，Rを使いながら実感的に理解を進めましょう。

まず仮想的なデータを用意します。どこからか取ってきてもよいのですが，この際なので仮想的なデータもRに用意させましょう。Rには数字を発生させる関数があります。なかでも，なんの規則性ももたないデタラメな数字を作り出すことができます。このような数字のことを**乱数**といいます。乱数を発生させるときに，ある確率分布に従った乱数を作り出すこともできます。例えば1から6の範囲のデタラメな整数を出すことができれば，Rでサイコロを振るシミュレーションができるわけですが，この場合は1から6までの一様分布（偏りのない分布）に従った乱数を作ることになります。また例えば，心理学のデータの多くは正規分布しますから，ある正規分布に従ったデータの例を作ることもできるわけです。

ここではこの正規分布に従う乱数発生関数を使って平均50，標準偏差10の偏差値のようなデータを作り出したいと思います。

```
set.seed(12345)
N <- 1000
Y <- as.integer(rnorm(N,50,10))
```

このプログラムの1行目，set.seedは乱数を発生させるスタート地点を定めるものです。乱数といってもRの中では「一見なんの関係もない数列」から数字を取り出すという作業をしており，スタート地点を明示的に設定しておくことで再現性のある乱数を発生させられるのです。括弧の中の数字は何桁の，どのような数字であってもかまいません（筆者はその日の日付を20181101のように入れることにしています）。

2行目のNは発生させる乱数の数です。今回は1000個作ることにしました。3行目のrnormが正規分布に従う乱数を発生させる関

数で，平均 50，標準偏差 10 の乱数を N 個（今回は 1000 個）作り出します。as.integer とあるのは，実数値ではなく整数値（integer）が欲しいからです。

さてこれで，1000 人分のテストの点数が手に入った，と考えましょう。これが今回の母集団です。母平均，母分散，母標準偏差は，ここにすべてのデータがあるのですから，このデータの平均，分散，標準偏差を計算すれば得られます。

```
> # 平均
> mean(Y)
[1] 49.953
> # 個々のデータの平均からのズレ
> # Y - mean(Y)
> # 個々のデータの平均からのずれの二乗
> # (Y - mean(Y))^2
> # 個々のデータの平均からのずれの二乗の平均＝分散
> # mean((Y - mean(Y))^2)
> # 分散をオブジェクト varY に代入
> varY <- mean((Y - mean(Y))^2)
> varY
[1] 99.69879
> # 分散の平方根 ＝ 標準偏差
> sqrt(varY)
[1] 9.984928
>
```

母平均は 49.953，母分散は 99.699，母標準偏差は 9.985 となりました[*1]。この母集団からサンプルを取ることで，これらの値を推定しようというのが推測統計学のやろうとしていることです。

たとえば，データの最初の 10 個を使って平均と標準偏差を計算してみましょう。

[*1] 理論的には母平均は 50，母分散は 100，母標準偏差は 10 になるはずですが，これは乱数が無限に生成されれば達成される数字で，1000 個という有限のデータ数ではぴったり一致した数字にはなりません。

```
Console  Terminal
> # データセット Y の 1 番目から 10 番目までの要素を取り出し，
    sample1 に代入します
> sample1 <- Y[1:10]
> # sample1 の中身
> sample1
 [1] 55 57 48 45 56 31 56 47 47 40
> # sample1 の平均
> mean(sample1)
[1] 48.2
> # sample1 の標準偏差
> sqrt(mean((sample1-mean(sample1))^2))
[1] 7.884161
```

　最初の 10 個を取り出したサンプルの平均（mean）は 48.2，標準偏差（sd）は 7.88 です。正解（母数）は，平均 49.953，標準偏差 9.985 ですから，すこし小さめの値になってしまいました。

　ではまた 10 個のサンプルを取り出してみましょう。R の関数，sample を使うと，データの一部をランダムに取り出すことができますので，これを使ってみます。

```
Console  Terminal
> # sample 関数は二つの引数をとる。sample(A,B) でオブジェ
    クト A から B 個のデータをランダムに抜き出す
> # ここではデータセット Y から 10 個抜き出して，sample2 に
    代入しています。
> sample2 <- sample(Y,10)
> # sample2 の中身
> sample2
 [1] 47 52 48 31 57 55 56 42 24 62
> # sample2 の平均
> mean(sample2)
[1] 47.4
> # sample2 の標準偏差
> sqrt(mean((sample2-mean(sample2))^2))
[1] 11.42103
```

今度は平均が 47.4, 標準偏差が 11.421 です。平均はより小さくなったし，標準偏差は大きい方にずれてしまいました。

これを何度か反復してみます。

```
> sample3 <- sample(Y,10)
> mean(sample3)
[1] 50.5
> sqrt(mean((sample3-mean(sample3))^2))
[1] 7.553145
>
> sample4 <- sample(Y,10)
> mean(sample4)
[1] 49.3
> sqrt(mean((sample4-mean(sample4))^2))
[1] 9.889894
>
> sample5 <- sample(Y,10)
> mean(sample5)
[1] 46.7
> sqrt(mean((sample5-mean(sample5))^2))
[1] 5.692978
```

平均も標準偏差も，大きくなったり小さくなったり，様々に変動します。これは，全体 (N=1000) のうち，部分的に (n=10) 取り出しているので，たまたま大きめの数字が含まれたり，その逆だったり，似た数字だったり似ていなかったり，ということで変動しています。でも標本平均，標本標準偏差のいずれも，母平均，母標準偏差の周りをウロウロしているように見えます。

20 回ほど続けてやってみた結果が次の表 4.1 です。この 20 回のトライアルの (サンプル数 20)，平均 (M) の平均を計算すると，50.02 になります。49.953 が正解なのですから，各回の標本平均よりも良くなっていますね。20 回といわず，どんどん繰り返されるとますます正解に近づいていくことになります（図 4.2）。

表 4.1 サンプルごとの標本統計量

	1	2	3	4	5	6	7	8	9	10
M	48.20	50.00	47.10	46.70	51.50	52.60	45.80	51.10	47.70	47.40
SD	10.18	9.40	8.95	8.70	9.78	11.30	11.26	7.29	9.77	8.16
	11	12	13	14	15	16	17	18	19	20
M	50.90	51.20	54.60	47.60	55.20	50.90	48.10	51.20	52.40	50.20
SD	10.79	11.74	13.96	8.70	9.74	10.39	8.60	7.04	9.04	7.56

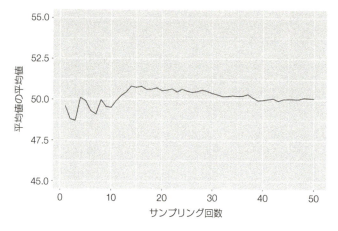

図 4.2 標本平均の平均が母平均に近づいていく

　全体から抜き出すときに，サンプルサイズを大きくすると「たまたま大きな数字ばかり拾い上げてしまう」とかその逆のようなことは起こりにくくなります。サンプルサイズが大きいと推定値が安定しやすくなることは，ここから直感的に理解できると思います（図4.3）。

　理論的にもサンプルサイズ N が大きければ大きいほど，標本平均の揺れ幅が小さくなることがわかっています。より厳密には，この散らばりのことを<mark>標本誤差</mark>といい，サンプルサイズの平方根に比例することがわかっています。

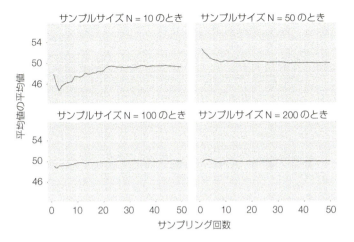

図 4.3　サンプルサイズが大きいほどブレが少ない

4.1.3　不偏推定量

平均値の場合，標本平均が母平均の推定量として問題なく使えますが，分散の場合は少し事情が違います。

分散は，平均値からの差の二乗の平均，と定義され，その通りに計算していました。そして標本分散も，何度も繰り返し得られた標本から逐一計算し，その平均を取れば母平均に一致するだろう，と直観的にはそう思えます。

でも実際は違うのです。図 4.4 の右側が標本分散を繰り返し取った時の，平均値の推移です。赤い線が「正解」の母分散なのですが，少し下にずれていますね。

この理由を証明するのは大変なので省略しますが，実際に分散の推定量として使うときにずれている数字では困ります。このずれを修正する必要があるのです。このずれの修正には，標本のサイズ N ではなく，N-1 という標本サイズより少し小さな数字で計算した分散を使えばよいことがわかっています。この修正された分散を「不偏分散」と呼びます。

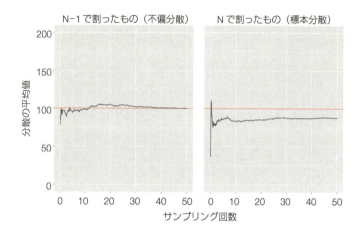

図 4.4　不偏推定量でないとずれる

　ところで皆さんは,「さっきの計算で平均は mean という関数を使ったのに,分散や標準偏差はどうして関数を使わないのだろう」と思いませんでしたか。R にはもちろん分散や標準偏差を計算する関数があります。分散は var,標準偏差は sd という関数があるのです。この関数で計算される分散や標準偏差は,上の誤差を補正した不偏分散,不偏標準偏差になっているので,こちらの方が安心してお使いいただけます。ここでは標本分散がずれることを示したかったので,わざわざ定義式を使って計算していたのでした。図 4.4 の左側には,R の関数を使った不偏分散で同じ計算をしたものを示しています。ずれの補正ができているので,標本統計量の平均値が母数に一致していくのがわかりますね。

統計的仮説検定の考え方

5.1 はじめに

　推測統計学では推定と検定を行うという話でしたが（図 4.1 参照），この章からは検定の話に入っていきます。統計的な検定は特に，帰無仮説検定と呼ばれることがあります。仮説検定は，手元のデータが示す特徴を，そのまま母集団の特徴としてよいかどうかチェックする手法です（図5.1）。たとえば，ある実験をして操作した群としない群とで平均値に違いがあったとします。この場合，実験者は「操作したから平均値が違ったのだ＝操作の効果が現れたのだ」ということが言いたいはずです。しかし，「それはたまたま，貴君の

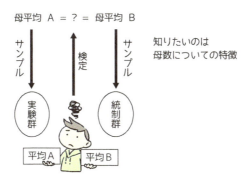

図 5.1　仮説検定とは

サンプルだけで生じた結果ではないか」という批判がきたらどうしましょう。あるいはまた，あるデータを取ったら2つの変数の間に相関が見られた，だからこの変数AとBは重要な関係なのだ！　といいたいとします。ところが，「サンプルをそれだけしか取っていなかったら，偶然の確率でそのぐらいの数値は出るんじゃないの」といわれたらどうしましょう？

こういうときに，仮説検定を行うのです。具体的な例で考えてみましょう。

ある変数XとYについて，どうも関係があるようなので，データを20回取って相関係数を出してみたところ，0.5という数値が得られたとします。中程度の相関ですね。さてここで，批判を回避するために，次のようなことを考えます。

「まったく無相関な，独立した二次元の正規分布を仮定し，そこから20回サンプルを取り出して相関係数を算出する，という手続きを繰り返すと，たまたま相関係数＝0.5が出てくる確率は何％あるか？」

さて，この分布からサンプルサイズ20のサンプリングを繰り返すわけです。そもそも無相関なはずですので，原理的には標本相関係数も0.00になるはずです。しかし誤差があるので，0.1とか−0.2とか，ひょっとしたら0.5（あるいはそれ以上！）という数字が出てくることもあるかもしれません。そうしたサンプリングを繰り返して，どれぐらいの確率でそういうことが生じるのか，ということを考えたいわけです。

試しにやってみましょう。4章のように，乱数を使って考えればよいのです。今回は，「まったく相関しないはず」，つまり母相関$\rho = 0.0$の2変数を作り出すところからはじめます。

> **ソースコード 5.1　無相関データの生成**
>
> ```
> 1   # 乱数発生のスタート地点を決めておきます
> 2   set.seed(12345)
> 3   # 特別なパッケージが必要です。MASS パッケージを読み込んでいます。
> 4   library(MASS)
> 5   # 作り出す乱数の数を決めておきます。10000もあれば十分でしょう
> 6   N <- 10000
> 7   # 平均ゼロ，相関ゼロになるような数字の組を 1 万個作り，
>         X に代入しています
> 8   X <- mvrnorm(N,c(0,0),matrix(c(1,0,0,1),nrow=2),
>         empirical=TRUE)
> 9   # X の最初の 20 組 (1行目から 20 行目まで) のデータで相関係数を
>         計算します
> 10  cor(X[1:20,])
> ```

このコードは，相関がない N=10,000 の世界を作りだし，そこから最初の 20 個のデータを取り出して相関係数を計算するものです。筆者の環境では，0.2189 という数字が得られました。本来 $\rho = 0.0$ の世界なのですが，ごく一部 (N=20) に限っていうと 0.2 ぐらいの相関が出ることがあり得るのです。これを 100 回ぐらい繰り返すと，平均は 0.016 と真の値に近くなりますが，最小値は -0.591，最大値は 0.533 という値が得られました。つまり，0.5 もの相関係数が得られることがなくはないのです。

調査や研究，実験の結果で相関係数が 0.5 だったとしても，たまたまこのラッキーな 1 回が当たっただけかもしれないのです。

実は，統計の先達がこれを理論的に解き明かしてくれています。統計ソフトで算出することもできますし，統計のテキストには付録として数値の表がついていることがあります。そこを見ると，例えば標準正規分布においてある数値が出現する確率というのが理論的に計算されており，チェックすることが可能です。

数表の場合は，1 つ 1 つの数値ではなく，ある統計量が出てくる確率が 5%未満になるのはどれ以上からか，という形で表現されま

す（**棄却域**）。サンプル 20 の相関係数であれば，5%の棄却域を超えるのは 0.44 以上です。すなわち，0.5 という相関係数は「滅多に出てくるものではない」ことが明らかなわけです。

ではなぜ，標本平均が 0.5 ということが実現したのでしょうか。それは，そもそも「2 つの変数が完全に独立している」という仮定に問題があったと考えられます。ここに至って「偶然生じたわけではない」と反論できるわけです。正確には「この相関係数に意味がないとはいえない」という形になるわけです。

5.2　形式化しておこう

統計的仮説検定の手続きは，基本的にすべて上のような流れに沿います。ここで用語の解説とともに，この流れを形式化しておきたいと思います（図 5.2）。

5.2.1　Step1: 仮説を考える

ここでの仮説とは，そもそも検証したい仮説と，その反論的仮説の 2 つからなります。前者を**対立仮説**（H1），後者を**帰無仮説**（Null Hypothesis, H0）と呼びます。たとえば今回の例では，研究者は変数間に関係がある，ということを主張したかったわけですが，無粋な統計屋（？）がそれは偶然の産物ではないか，といってきたわけです。この統計屋の主張が帰無仮説—無に帰してほしい仮説です。これに対立するように，意味があるんだということが言いたいわけです。

5.2.2　Step2: 有意水準・棄却域を決める

偶然だ，いや偶然でない…この論争，具体的にはどのぐらいの数字で決めたらよいのかについて，検証する前に事前に考えておきましょう。心理学業界では一般に 5%とするのがよいとされています

Step1 舞台設定

自分の主張とは異なる
"仮想敵" との勝負にする

自分の主張

Step2 ルール確認

5%で決めるよ？
いいね？

Step3

H_0とすると統計量はこれくらいの範囲になるハズ

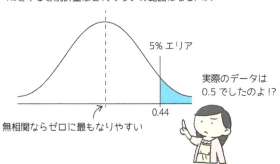

5%エリア

実際のデータは
0.5でしたのよ!?

0.44

無相関ならゼロに最もなりやすい

図5.2 統計的仮説検定の手続き

が，医学業界ではもう少し厳しく 1%，0.1%とすることもあるようです。あるいは緩く，10%ぐらいでもよし，と決めてよいかもしれません。この水準のことを**有意水準**，あるいは仮説を捨てるレベルですから**棄却域**，あるいは，間違えた仮説を採択してしまうということから**危険率**などと呼ぶことがあります。

> **Keyword　有意水準**
>
> 帰無仮説と対立仮説，どちらを採択するかの基準のこと。危険率ともいう。心理学では 5%とされるのが一般的

5.2.3　Step3: 統計的仮説検定量を考える

これが定まると，では実際に検証してみましょう，ということになります。先ほどの例では，完全に独立する二次元正規分布からサンプルサイズ 20 のデータを繰り返し抽出し，その分布を描く，という作業をすることでした。もっとも，統計屋さんがすでに準備してくれている統計指標を使って，数表でのチェックや，統計ソフトを使って出現する確率を計算する，ということをする方が一般的です。そして，この現象が出現する確率は有意水準より大なのか，小なのか，について結論を下すわけです。

このステップはどのような仮説検定についても共通です。異なるのは，Step3 の計算の際どのような統計量を使うかという点です。度数分布の場合は χ^2 分布，平均の差の検定の場合は t 分布や F 分布を使う，などのパターンを知っておく必要があります。

> **Point**
> 度数分布 … χ^2 分布
> 平均の差の検定 … t 分布，F 分布

5.3 第一種の過誤と第二種の過誤

統計的仮説検定の考え方は，これまで述べてきたように，まず帰無仮説を作ってそれを反駁することで，主張するというスタイルです。「意味がない」ということを否定することで「意味がなくはない」という言い方をする，これは非常に奇妙なことのように思えます。

なぜそのような言い方をするのでしょうか。それは，疑いの目に対する証明の仕方として，否定する証拠を示す方が簡単だからです。推理小説では容疑者に対し，犯行をおかした可能性はいくら挙げても，アリバイがあれば容疑から外れます。統計的な考え方にしても，ある標本相関係数，例えば 0.5 が母集団においても 0.5 そのものであるというのは難しいのです。母相関が 0.51 でも 0.49 でもなく 0.5 である，とするのは桁数の増加により無限の可能性が考えられることはすぐにおわかりいただけると思います。ですから，0.5 である，というのではなく 0.0 ではない，という言い方になります。

さてこのとき，検定の結果が間違えることはないのでしょうか。もちろんありますし，また，間違え方も 2 種類あり得ます。

帰無仮説(H0)を棄却するとき，本当は棄却しなくていい(H0 が正しい)のだけど統計的に意味がない，と判断を間違えてしまう可能

表 5.1 判断の誤り

		真実	
		H0 が真	H0 が偽
判断	H0 を棄却	第一種の過誤 (α)	正しい棄却 ($1-\beta$)
	H0 を棄却しない	正しい採択 ($1-\alpha$)	第二種の過誤 (β)

性，これが有意水準，危険率です。これを**第一種の過誤**（Type I Error）といいます。心理学では5%とすることが慣習的です。逆に言うと，これは$(1-\alpha)$すなわち95%の確率で正しい採択をしていることになります。差がないという事実を誤って判断してしまう，つまり冤罪が起きる確率を5%にしておきましょう，という考え方です。

一方，本当は帰無仮説が偽，すなわち差があるのに，差がないという帰無仮説を採択してしまう，という間違え方もあります。この間違え方は**第二種の過誤**（Type II Error）と呼ばれ，確率βで表されます。いわば取り逃がしをしてしまうわけで，これは差を捕まえようとするわれわれにとっては辛いことです。そこで$1-\beta$，すなわち正しく棄却できる力（正しく捕まえられる力）が必要で，この力のことを特に**検定力**（検出力ともいいます）といいます（図5.3）。

この検定力は高すぎても低すぎても問題になります。なぜなら，高すぎる検定力は，ごく微細な違いを検出してしまい，どんな場合でも有意であると判断してしまうことになります。もちろん低すぎる検定力は，本当は効果のない実験操作をあるといってしまう第二種の過誤が起きやすくなるので，問題があります。適切な検定力，これを評価することを考えなければなりません。

5.4 効果量

標本数を大きくすれば，エビデンスがしっかりしてくるのですから，どんな小さな差異でも見つけ出すことができます。統計的検定は，検定に用いる指標（検定統計量といいます）が危険率αより小さい確率で「出現するかどうか」だけの判断ですから，その基準となる値が標本数によって小さくなっていくと，どんな小さな違いでも「有意差あり」と判断できるようになります。これは少しフェア

検定における2種類の誤り

真実 決定（判断）	本当は帰無仮説が正しい	本当は帰無仮説が間違っている
帰無仮説を棄却する （対立仮説を採択する）	第一種の過誤 Type 1 Error 有意水準α <<せっかち・冤罪>>	正しい決定 検定力；1-β
帰無仮説を採択する （対立仮説が採択できない）	正しい決定 確率；1-α	第二種の過誤 Type 2 Error 確率；β <<ぼんやり・不手際>>

図 5.3 第一種の過誤と第二種の過誤

ではありませんね（図5.4）。

問題は，差があるかないかという Yes／No 判断しかしないからです。差があるかどうかに加えて，「どれぐらいの差があるのか」という大きさも同時に考えるべきでしょう。この大きさとして考えられているのが効果量と呼ばれる数字です。

最近は有意差があった，なかったの二分法で結果を報告する心理学の風習に対して，反省的な視点から，効果量も合わせて報告する

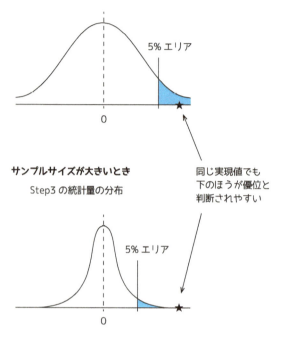

図5.4 サンプルサイズによる判断への影響

ように,という方針が出されています[*1]。

　効果量は検定力とも関係があります。大きい効果量は検定力も高く,小さい効果量は検定力が低いのです。検定力は第二種の過誤,すなわち間違って帰無仮説を採択する確率とも関係がありますので,第二種の過誤を避けるためにも大きな効果量が欲しくなります。しかし,大きな効果量を求めて検定統計量を大きくするためにサンプルサイズを増やす,というのは間違いです。検定統計量は一般に効

[*1] たとえば日本心理学会 2015 年改訂版の「執筆投稿の手引き」には,「検定結果については, t, F, χ^2 などの検定統計量の値,自由度,p 値,および効果量と効果の方向を記述する。」とされています。

果量とサンプル数の積の形で表現できるのですが，サンプルサイズを増やして全体を大きくみせようとするのは，少しひきょうな方法です．

　適切な大きさの効果量を得るために，どの程度のサンプル数が必要かとか，分析結果から効果量や検定力はどれぐらいあったか，という分析のことを検定力分析（power analysis）とよびます．よりよい研究のため，さらには無駄なコストを費やさないためにも，検定力分析が普及することを願ってやみません．

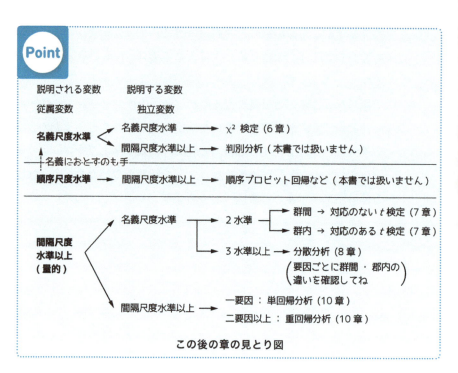

この後の章の見とり図

第6章 度数分布の検定

　前章では統計的仮説検定の手続きについて学びました。本章からは具体的にいろいろなケースでの検定の仕方を見ていきましょう。

　まずは名義尺度水準のデータに使える検定です。名義尺度水準は尺度水準として最も下位のレベルであり，数量的な計算はできないので，データの表現方法として集計表，クロス集計表等が使われます（3.1.1参照）。度数分布の検定には，統計検定量として χ^2 **値** (chi-square; χ は"カイ"と読む) を算出します。χ^2 **検定**は正確には適合度の検定，独立性の検定，母比率の等質性の検定の3つの使い方があるとされますが，計算方法は共通するので習得しやすいといえます。

6.1　χ^2 検定

6.1.1　χ^2 値が表すもの

　統計検定量である χ^2 値は次の式で算出します。

$$\chi^2 = \sum \frac{(E_j - O_j)^2}{E_j} \tag{6.1}$$

ここでは E_j は期待度数といわれます。O_j は観測度数です。理論的には E_j という結果になる，という期待に対して，実際は O_j という値が出た，というとき，このずれの大きさを期待の大きさで調整しながら計算するのです。

　この指標をどのようなときに使うのでしょうか。

　たとえば，白玉と黒玉が半々で入っていることがわかっている袋

の中から，10個取り出すとします。取り出した結果として，白5個，黒5個になったとしても，何の不思議もありません。白6個，黒4個になったとしても，「まぁそれぐらいはあるんじゃないの」と思われるでしょう。では，7:3や8:2，あるいはもっと比率が偏ったときに，どこまでなら「あるある…」と考えてよいのでしょうか。

全体は半々で構成されていて，10個取り出すのですから，白が出てくる期待値 $E_白$ は5です。$E_黒$ も同じく5です。実際にやってみて，5個ずつ取れたとすると，式(6.1)は以下のように計算できます。

$$\chi^2 = \sum \frac{(E_j - O_j)^2}{E_i}$$

$$= \underbrace{\frac{(5-5)^2}{5}}_{白} + \underbrace{\frac{(5-5)^2}{5}}_{黒} = 0 \tag{6.2}$$

このとき，χ^2 値はゼロになります。つまり，期待通りだった場合はゼロになるわけです。では白が6，黒が4という結果であればどうなるでしょう。χ^2 値は，

$$\chi^2 = \underbrace{\frac{(6-5)^2}{5}}_{白} + \underbrace{\frac{(4-5)^2}{5}}_{黒} = 0.4 \tag{6.3}$$

となります。このようにして，いくつかのずれのパターンと χ^2 値を考えてみると次のようになります（表6.1）。

つまり，χ^2 値はどれほど珍しい偏り方をしているか，を表す指標になっているといえます。もっとも，この数値を見ただけでは，何がわかるともいえません。χ^2 間の大小関係はわかりますが，どれぐらい珍しいのか，についての言及がないからです。しかし，χ^2 値は，理論的にはどのように分布するかがわかっています。このとき自由度の概念が必要になってきます。

表 6.1　出目と χ^2 値

白	黒	経験的に	χ^2 値
5	5	当たり前	0.0
6	4	あり得る	0.4
7	3	ありがち	1.6
8	2	たまには	3.6
9	1	珍しい	6.4
10	0	すごくない？	10.0

6.1.2　自由度と分布

自由度（degrees of freedom, DF）とは χ^2 値の分布を決めるパラメーターです。なぜそのようなパラメーターが必要かというと，例えば，白か黒か，といった二者択一の場合と，白か，黒か，赤か，といった三択の場合，四，五，六と選択肢が増えた場合…それぞれにおいて偏り方の組み合わせが増え，それに応じて分布が広がるからです。

二者択一の場合が一番簡単なパターンです（一択の場合には，分布が問題にならないのは自明でしょう）。このときの自由度が 1 です。選択肢が 3 つに増えた場合，自由度が 2 になります。以下同様で，N 箇所に分かれる場合の自由度は $N-1$ になります。自由度，という名称は，変数が自由に動ける程度というところからきています。今回の例の場合，合わせて 10 個というのが決まっていますから，白に N 個入れば，黒には $10-N$ 個入ることになります。白か黒かを自由に選べるようで，その実，確率変数として扱えているのは片方だけなのです。

この自由度に応じて，理論的な χ^2 値が出現する確率を描く分布，すなわち χ^2 分布の形が変わります。この分布の理論的な形は，前の章で説明した帰無仮説が正しいとしたときの統計量の理論分布です

から（図 5.2 の step 3 参照），これに照らし合わせて実際の χ^2 値が出現する確率を考えることになります。

自由度を変えて描いた χ^2 分布の形を図 6.1 に示します。

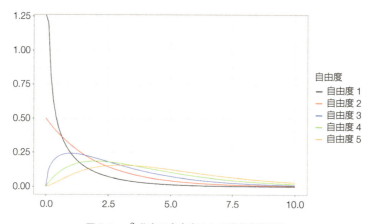

図 6.1 χ^2 分布の自由度ごとの確率密度関数

これに沿って先ほどの例，つまり 2 種類のどちらかを取り出した時の χ^2 値が，どれほど出やすい数字だったのかを考えてみましょう。

6.1.3 χ^2 検定の例

今回は，母集団が「白黒半々の個数を持つボールの入った袋」であり，そこから 10 個のサンプルを取り出すわけです。もしここで白が 7 個，黒が 3 個であれば，これは珍しい！といってよいのでしょうか。

前章で解説した手続きに沿って考えます。

1. 仮説を立てる。今回は「白が 7 個，黒が 3 個出るのは珍しい」といいたいので，「白と黒が 7 個と 3 個になったのは統計的に意味

表 6.2 出目と χ^2 値とその出現確率

白	黒	経験的に	χ^2 値	確率
6	4	あり得る	0.4	0.5271
7	3	ありがち	1.6	0.2059
8	2	たまには	3.6	0.0577
9	1	珍しい	6.4	0.0114
10	0	すごくない？	10.0	0.0015

のある偏りである」が対立仮説。帰無仮説は「統計的に意味のある偏りではない（＝偶然それぐらいの割合で出てくることがある）」になります。

2. 有意水準の設定。今回は心理学業界のしきたりに従って，5%とします。
3. 統計量の計算。今回は χ^2 値で，7：3のときは1.6になります。
4. ここで，自由度1の χ^2 分布から，χ^2 値が1.6以上になる確率を考えると，0.205，つまり20.5%ぐらいです。5%を大きく上回っていますね。5%より小さい値で珍しいものが出た，といいたかったのに，これではそのように主張できません。結論としては，帰無仮説を棄却することができなかった，すなわち7：3で出てくることが偏っているとはいえない，となります。

統計の専門的な記述方法に従えば，「$\chi^2(1) = 1.6, n.s.$」のように，括弧付きで自由度を書き添えて χ^2 値を書き，最後に「有意ではなかった（$n.s.$: not significant の略）」とします。これで χ^2 検定ができました。

今回は母比率がわかっていて，それに沿った値が得られたかどうかの検定でしたが，そのほかにも期待値の置き方で様々なやり方で様々な検定が可能です。

6.2 クロス集計表の検定

次にクロス集計表の例を考えてみましょう。クロス集計表の場合は，2つの変数が関係あるだろう，と思って見ることが多いわけですが，その関係は統計的に有意なレベルなのか？という観点からチェックすることになります。このような使い方は，独立性の検定とも呼ばれます。

例を使って見てみましょう。例えば，携帯電話のキャリア選択と性別の関係をクロス集計表にしてみたとします。

表 6.3 携帯電話のキャリア選択と性別

	男性	女性	合計
d 社	20	30	50
a 社	10	40	50
s 社	30	20	50
合計	60	90	150

このような場合，性別と携帯電話キャリアの間に関係があるといえるでしょうか。つまり，男性は s 社を選びがちだとか，a 社は女性人気だ，という結論を出していいでしょうか。

統計的仮説検定の手続きに沿って考えましょう。

1. 仮説を立てる。対立仮説として「携帯電話キャリアと性別の間に関係がある」，といいたいので，帰無仮説は「携帯キャリアと性別の間に関係はない」になります。
2. 有意水準の設定。今回も 5%とします。
3. 統計量の計算：今回はここが厄介です。観測度数 O_j は各セル

に入った数値ですが，期待度数 E_j はどのように計算すればよいでしょうか。

男性は合計で 60 人います。もし携帯キャリアと性別の間に関係がないなら，3 つのキャリアには男女を合計した比率から $50:50:50 = 1:1:1$ に 3 等分されていることがわかっていますから，期待値は $20, 20, 20$ になります。同様に，女性の期待値も $30, 30, 30$ です。今回は各キャリアの合計が同じだったので簡単でしたが，同様に行方向に考えてもかまいません。すなわち，d 社の 50 人について，男女合計の比率 $60:90 = 2:3$ から，期待値を $20, 30$ とする，と考えてもよいのです。

それでは式 6.1 にしたがって計算してみましょう。

$$\underbrace{\frac{(20-20)^2}{20}}_{\text{男性 d社}} + \underbrace{\frac{(10-20)^2}{20}}_{\text{男性 a社}} + \underbrace{\frac{(30-20)^2}{20}}_{\text{男性 s社}}$$
$$+ \underbrace{\frac{(30-30)^2}{30}}_{\text{女性 d社}} + \underbrace{\frac{(40-30)^2}{30}}_{\text{女性 a社}} + \underbrace{\frac{(20-30)^2}{30}}_{\text{女性 s社}} = 16.67$$

$$\chi^2 = \sum \frac{(\overset{O_j}{\text{実際の値}} - \overset{E_j}{\text{期待値}})^2}{E_j}$$

これが実際の値です。この値が出てくる確率は，理論的にはどれぐらいあり得るのでしょうか？ 理論分布を参照するには，自由度を考えなければならないのでしたね。今回の自由度は，行数と列数からそれぞれ 1 を引いて掛け合わせたもの，すなわち $(2-1) \times (3-1) = 2$ になります。

自由度 2 の χ^2 分布において，16.67 という数値はどれぐらいの確率で出てくるでしょうか。コンピュータがすぐに答えを出してくれますが，この値は 0.02% ぐらいなのです。これは 5% より小さな数字ですから，このような観測値が得られるのは「関係ない」とした帰

無仮説がおかしかった可能性を示しています。

そこで，帰無仮説を棄却して，「二変数が独立していたとはいえない」という結論を出すことになります。心理学的な表記でいえば，$\chi^2(2) = 16.67, p < 0.05$ で有意，ということになります。

> **Keyword　p 値**
>
> 帰無仮説が正しいという前提のもとで，統計量の分布を描くことができるが，その分布に照らし合わせたとき実現値が出現する確率のことをp値という。これが有意水準よりも低ければ，帰無仮説が棄却される。

6.3　Rで計算してみよう

ここまでは原理を理解してもらうために，手計算での方法を考えてきましたが，統計ソフトがあればこんな面倒な計算はしなくてかまいません。先ほどの表6.3の例をRで計算するのは，次のようにします。

ソースコード6.1

```r
# クロス表をtbl オブジェクトに入れる
## クロス表は3行 (nrow=3)の行列 (matrix)で，行ごとに入力していることを意味するbyrow オプションをつけている。
tbl <- matrix(c(20,30,10,40,30,20),nrow=3,byrow=T)
# tbl オブジェクトを chisq.test 関数に入れる
chisq.test(tbl)
```

1行目は，データを入力しているところです。matrix型＝行列形式にして数字を入れています。2行目が検定のコードです。chisq.test関数にデータを入れるだけですから，手計算よりは簡単ではないでしょうか。結果は次のように返ってきます。

```
> tbl <- matrix(c(20,30,10,40,30,20),nrow=3,byrow=T)
> chisq.test(tbl)

        Pearson's Chi-squared test

data:  tbl
X-squared = 16.667, df = 2, p-value = 0.0002404
```

先ほどの結果である，「$\chi^2(2) = 16.67, p < 0.05$」という表記に使う数字がどこに現れているか，確認してください．

6.4　χ^2 検定の展開

たとえば独立性の検定の場合，χ^2 検定は「独立していたとはいえない」というだけで，どこに関係があったのか，どこが偏っていたのか，といったことには言及しません．全体的に有意であった，ということからさらに，どこが有意だったのかを知りたい場合，それを探る検定を続けていかなければなりません．部分的に取り出して検定することになるので，こうした続きの検定のことを**下位検定**と呼ぶことがあります．

χ^2 検定の下位検定は残差検定とも呼ばれ，あるセルの期待度数と観測度数のずれが有意であるかどうかを検定するものです．分析にはより専門的な知識が必要ですが，R の関数を使えばすぐにできます．

また，クロス集計表における行と列のアイテムを n 次元空間にプロットし，図から変数どうしの関係を理解しようとする多変量解析技術も存在します．双対尺度法と呼ばれるこの技は，クロス集計表の χ^2 値を分解し，座標を算出するという方法をとっています．

ほかにも，構造方程式モデリングなど，より進んだ多変量解析技術でも，データとモデルとが乖離していないか（研究者の独りよがりなモデルを描いていないか）ということを検証するために，χ^2検定が使われることもあります。

名義尺度水準の基本的な検定からはじまって，かなり進んだ応用レベルまで，とても適用範囲の広い検定方法だといえるでしょう。

平均値の差の検定，基本的原理

　この章以降では，平均値の差の検定について解説していきます。本題に入る前に，これから色々と出てくる用語を事前に整理しておきたいと思います。

　心理学の研究は，調査，実験，観察など様々な調査方法で人間を対象にデータを取りますが，さて「○○な人は△△な傾向がある」とか，「○○すれば人は△△な状態になる」といった仮説を検証する場合，現象の違いを変数や尺度のスコアなどデータとして取り上げ，その平均点の違いを検証する，というのがほとんどです。個別のデータには個人差がありますし，測定も物理量のように間違いなく測定できるものではないので，平均をとって誤差からの影響を均そうとするのです。ですのでこの「平均の差を比べる」という考え方が重要になってきます。

　また，手に入ったデータはあくまでも研究者が集めたもの。目標とするのは人間全体の傾向だったりするので，研究者が持っているデータは「サンプル」で，全体＝母集団の傾向を見るために，推測統計学的な検定を必要とするのです。「平均値の差の検定」というのはこのように，心理学の中心的な分析手法です。

　ただ，心理学の研究をしたことがない人にとっては，言葉がややこしいですね。まず「平均値の差の検定」という言葉。すでに「の」が2つも入っているのでわかりにくいところもあるかもしれません。

　平均値は言葉通り，算術平均のことです。われわれが実験群と統制群のように，2つ以上のグループを作り，そこでなにか量的な指

標をとったとします。男性と女性,という2群でもよいですし,ある操作の実施前と実施後,という2群でもかまいません。もちろん,3群以上でもかまいません。

さて,指標の要約として算術平均はとてもわかりやすいので,平均を算出したとして,それがぴったり一致することはまれでしょう。問題は生じた多少の(?)ずれが誤差程度なのか,あるいは意味のある(有意な)ものなのか,ということです。その差を検定しましょう,というのがここでのテーマになります。帰無仮説は「母平均においては2群に差がない」というものになります。

平均の差の検定の基本的な原理は,「平均値の差が大きく,群内の分散が小さいときに,有意となりやすい」というものです。平均の差の検定なのに,分散が出てきて「おや?」と感じた方もいるかもしれません。では図 7.1 を見てください。

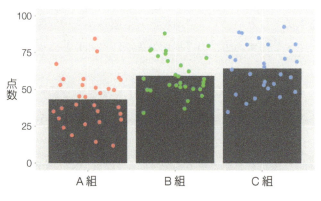

図 7.1　3 つのクラスの平均点

ここでは A 組,B 組,C 組,と 3 つのクラスがあり,各クラスの点数の分布が点で表されています。3 組それぞれ,平均点は違っていて(A 組平均 43 点,B 組平均 59 点,C 組平均 67 点),平均値に

差はあります。しかし，この差は果たして意味がある差なのでしょうか。というのも，よく見るとB組の最高得点とC組のそれはあまり違いがなく，C組の最低得点の人はB組にいっても順位は低そうです。これでは，C組は平均点が高いので，他の組よりも（有意に）優秀である，と結論するのはどうかと思いますね。では次のような状態ではどうでしょうか（図7.2）。

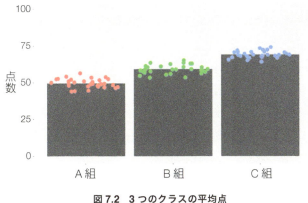

図7.2　3つのクラスの平均点

この場合では，同様に平均点がA（49点）＜B（59点）＜C（69点）の順です。特に，C組の最高得点は3クラスの中でもトップです。C組の最低点でもA組，B組の平均よりも勝っています。このような差がついていたら，これはC組が優秀である，という結論に達しやすいですね。

図7.1と7.2の3つのクラス平均は，約50, 60, 70点と同じようなものですが，分散がまったく異なります。つまり，平均の差が大きく，群内の分散が小さいほど，有意になりやすいというわけです。これが差の検定の基本原理です。

7.1 用語の整理

平均の差の検定について説明していく前に，用語の整理をしておきます。この後の章でも用いるものですのでよく理解しておいてもらいたいと思います。

7.1.1 要因 factor と水準 level

まず**要因**と**水準**という言葉です。要因とは，平均値を左右するもので，われわれが効果があるとかないとかいったことを検証したい，対象そのものです。水準とは，1つの要因につき，何パターンあるかということを示します。

たとえば先の例で，ある学校における学級ごとの平均の差を比較したいとします。このとき，要因は学級（の違い）で，水準は3つ（A組，B組，C組）となります。

別の例で，たとえば朝顔の発育に「肥料の有無」と「日光の有無」と「水分の有無」のどれが影響するのかを検証したいとします。この場合，要因は3つで，肥料と日光と水分です。水準はそれぞれ2つずつ（肥料の有無，日光の有無，水分の有無）になります。このような例は，2×2×2のデザイン，と呼ばれます。

> **Keyword　要因と水準**
>
> 要因は平均値を左右する原因となるもの。研究者が手を加えて作り出すものであることが多い。水準は各要因について比べる組の数のこと。

7.1.2 群内（within）と群間（between）

次は**群内**と**群間**という言葉です。いずれも要因の特徴を表しており，群内要因デザインは，「対応のある検定」とか「被験者内要因」

「反復測定」と呼ばれることがあります。群間要因は「対応のない検定」「被験者間要因」と呼ばれることがあります。英語ではそれぞれ群内要因を Within，群間要因を Between で表します。

群内要因は，反復測定とも呼ばれることがあるように，同じ人から複数回データを取ったときにそう呼ばれます。実験前と実験後の数値を比較するような変化を見たいとき，データの中に「同じ人の答え」という対応する箇所が含まれますので，対応のある検定と呼ばれるのです。

これに対して，**群間要因**は，データを構成する比較群が，共通しないことを意味します。例えば性差の検証をする場合，ある人が男性であると同時に女性であることはありませんので，対応のない，群間要因になります。

詳細は 8 章で述べますが，群内要因デザインは一人一人に繰り返し測定を行うので，個人差を計算して要因の効果と区別することができます。要因の特徴をより丁寧に抽出できるので，効果を検証する場合はできるだけ群内要因デザインにしたいものです。ですが，同じ人に反復してデータを取ることは，データを提供してくれる人の特定が必要ですし，繰り返して負担を強いることにもなりますので，実際問題として難しいときもあります。

群内と群間の違いは要因ごとにありますので，これを組み合わせて実験デザインをすることもあります。例えば 3 つのクラスの中間試験，期末試験における成績の伸びを検証したい，というときは，クラス（群間，3 水準），試験時期（群内，2 水準）となります。この場合，「3×2 の間・内」，とか，「3×2 の混合計画」といったりします。

> **Keyword** 群内要因と群間要因
>
> 群内要因は一つ一つのケースに対応がある要因。あるいは反復測定をした変数のこと。群間要因は各ケースに対応がなく，個々別々に得られる変数のこと。

7.1.3 片側と両側

最後は検定の方向性に関する言葉です。差の検定をするとき，帰無仮説は「母平均に差がない」とするものですが，この差がない，というのはイコールであることと同義です。2群の母平均を μ_A, μ_B とすると，帰無仮説は $\mu_A = \mu_B$ です。

しかし，もう少し積極的に，「実験群は統制群よりも効果が高かった」とか，「健常群は臨床群よりも数値が低かった」ということを検証したい場合もあります。このとき，対立仮説が $\mu_A > \mu_B$ のように方向性を持つので，帰無仮説はこれを否定する，すなわち $\mu_A \leqq \mu_B$ となります。

このように，検定の方向性がある場合は==片側検定==と呼ばれ，方向性がない場合は==両側検定==とよばれます。方向性がない場合，プラスの方向にもマイナスの方向にも，どちらの方向にずれても対立仮説が採択できるので，両側と呼ばれるわけです。

実践的には，統計量の確率分布を見るとき，5% 水準を両側 2.5% ずつとるか，片側で 5% とるか，というところで変わってきます。

> **Keyword** 片側検定と両側検定
>
> 対立仮説の置き方による違い。両側検定は大小どちらの側に差がみられてもよい。片側検定は大きい方，小さい方どちらか片側に差がみられるかを問題にする。

7.2 対応のない t 検定

さあ，やっと準備が整いました。それでは実際に検定のプロセスに入ってみましょう。まずは最も単純な1要因2水準の群間デザイン，一般に「対応のない t 検定」と呼ばれる分析からです。

計算そのものは手計算でもできますが，せっかくなのでRを使って計算させていきましょう。データもRの乱数を使って作ってみることにします。

ソースコード7.1

```
# 乱数の開始地点を決めます。カッコの中はどんな数字でもかまいません。
set.seed(7)
# データのサイズをNとして決めます。今回は10にします。
N <- 10
# 二つのグループの平均をそれぞれmuA, muBというオブジェクトに入れます
muA <- 10
muB <- 20
# 二つのグループで共通する標準偏差（分散の正の平方根）の大きさを決めます。
sigma <- 10
# 二つのグループの数字を正規乱数からN個作ります。
X1 <- rnorm(N,muA,sigma)
X2 <- rnorm(N,muB,sigma)
# 二つのグループの平均値の差をt検定します
t.test(X1,X2)
```

ここにあるように，2つの群の平均値，一方は $\mu_A = 10$，他方は $\mu_B = 20$ としました。どちらも同じ標準偏差（分散）で散らばるデータだと考えて，正規乱数を N 個発生させています。この例で使ったデータ（Rで作った乱数。10個ずつ）は次のようになります。

```
> X1
 [1] 32.8724716 -1.9677168  3.0570749  5.8770705
      0.2932666  0.5272005 17.4813934
 [8]  8.8304477 11.5265763 31.8997811
> X2
 [1] 23.56986 47.16752 42.81452 23.24021 38.96067
     24.67681 11.06199 16.92672
 [9] 19.95178 29.88164
```

最後の1行（14行目）でt検定を行っています．t検定のコードは$t.test()$で，2つの群のデータを引数（p.25 参照）として渡します．結果は次のように表示されました．

```
> t.test(X1,X2)

        Welch Two Sample t-test

data:  X1 and X2
t = -3.0749, df = 17.894, p-value = 0.006561
alternative hypothesis: true difference in means is
not equal to 0 95 percent confidence interval:
 -28.258735  -5.312094
sample estimates:
mean of x mean of y
 11.03976  27.82517
```

結果を上からみていきます．まず，検定統計量はtという数字で，今回$t = -3.0749$だったことが示されています．これを検証するには自由度$df = 17.894$のt分布を参照して，p値を求める必要がありますが，Rの関数は一気にその計算もしてくれています．今回のデータは，帰無仮説のもとでは0.6%しか出現しないものでした．そこで今回は「$t(17.894) = 3.0749, p < 0.05$で5%水準で有意であった」という結論を出すことができます．

すこし下には sample estimates として2つのグループの標本平均が計算されています。データは x_1, x_2 と名前を付けましたが，関数は2つの群を x, y と呼んでいることに注意してください。これを見ると，今回使った2つのデータ，理想的には $\mu_A = 10, \mu_B = 20$ だったのですが，サンプル平均は $\bar{x}_1 = 11.03976, \bar{x}_2 = 27.82517$ と，11や27付近なので少し離れた数字になってしまいました。しかし，実際にわれわれがデータを手に入れるときにも，母平均が本当はどれぐらいだったか，というのはわかるはずもなく，サンプルサイズが小さければ（今回は $N = 10$ でしたね）これぐらいのズレが生じる可能性があるのです。その上で，（本当は知ることができない母平均の世界で）もし $\mu_A = \mu_B$ だったとすると，このデータが示すようなサンプル平均の差が出る可能性はどれぐらいか？と考えて出した値が $p - value = 0.006561 (= 0.6561\%)$ です。5%どころかもっと小さい値ですね。実際にこのデータが手に入っているのですから，つまり，**仮定であった $\mu_A = \mu_B$ というのがおかしいんじゃないか**，と結論づけるわけです。

分散が異なる場合，同じ場合

今回の自由度は 17.894 と，小数点のある数字になりました。χ^2 検定のときは整数だったのに，どういうことでしょうか？ 実は，t 検定が開発された当初は，「得られたサンプルの母集団の分散は，いずれも等しい ($\sigma_A^2 = \sigma_B^2$)」という仮定のもとに定式化されていました。その場合は，自由度も整数値で得られるわかりやすいものだったのですが，「もしかして等しくなかったら…？」という場合を考えると自由度を補正する必要があったのです。自由度は「検定統計量が得られる可能性を計算するための，分布の調節つまみ」みたいなものですから，適切に修正すればよく，R は自動的にそれをやってくれています。

今回は，データを自分たちで作りましたから，母分散は等しいことが明らかです（いずれも 10 を sigma オブジェクトに代入し（9 行目），それを正規乱数に入れています（11，12 行目））。このように同じ分散であるという前提をとる場合は，t.test 関数のオプションで指定することができます。

```
> t.test(X1,X2,var.equal = TRUE)

        Two Sample t-test

data:  X1 and X2
t = -3.0749, df = 18, p-value = 0.006527
alternative hypothesis: true difference in means is
not equal to 0 95 percent confidence interval:
 -28.253876  -5.316953
sample estimates:
mean of x mean of y
 11.03976  27.82517
```

var.equal=TRUE, の箇所が分散が等しいとしますよ，という意味です。この場合，自由度がきれいな整数で得られています。結果は p-value のところを見ますので，ほとんど変わらないですし，なにより特に指定しない＝分散が等しいという仮定を無理に置かない，というのがデフォルトになっているので，特に指定する必要はありません。

t 検定の特徴を知る：大きくしたり小さくしたり

すでに述べたように，平均の差の検定は「平均の差が大きく」，「分散が小さい」ときに有意になりがちなのでした（p.106 参照）。試しに設定を少し変えてみましょう。

まず平均値の差を小さくします。今度は 2 ポイント差，つまり $\mu_A = 10, \mu_B = 12$ として実行してみました。

```
> # 平均値の差を小さくした
> set.seed(7)
> N <- 10
> muA <- 10
> muB <- 12
> sigma <- 10
> X1 <- rnorm(N,muA,sigma)
> X2 <- rnorm(N,muB,sigma)
> t.test(X1,X2)

        Welch Two Sample t-test

data:  X1 and X2
t = -1.6094, df = 17.894, p-value = 0.125
alternative hypothesis: true difference in means is
not equal to 0 95 percent confidence interval:
 -20.258735   2.687906
sample estimates:
mean of x mean of y
 11.03976  19.82517
```

　ここで $p\text{-}value$ を見ると 0.125，すなわち 12.5% になりますから，これは「差がない」と言い切ると危険なレベルを超えています。つまり，統計的に差があるとは言えなくなりました。

　次に，平均の差はそのままで，分散を小さくしてみましょう。$sigma = 1$ としています。

```
> # 分散(SD)を小さくした
> set.seed(7)
> N <- 10
> muA <- 10
> muB <- 12
> sigma <- 1
> X1 <- rnorm(N,muA,sigma)
> X2 <- rnorm(N,muB,sigma)
```

```
> t.test(X1,X2)

        Welch Two Sample t-test

data:  X1 and X2
t = -4.9069, df = 17.894, p-value = 0.0001155
alternative hypothesis: true difference in means is
not equal to 0 95 percent confidence interval:
 -3.825873 -1.531209
sample estimates:
mean of x mean of y
 10.10398  12.78252
```

母平均において同じ差でも，今度は有意な結果 $p\text{-}value = 0.0001155$ が出ました！ つまり，差がはっきりしたらちゃんとわかるのですね。

最後に，今度は差が小さく，分散が大きいままで，サンプルサイズを大きくしてみましょう。$\mu_A = 10, \mu_B = 12, sigma = 10$ としたうえで $N = 500$ にしてみました。

```
> # サンプルサイズを増やした
> set.seed(7)
> N <- 500
> muA <- 10
> muB <- 12
> sigma <- 10
> X1 <- rnorm(N,muA,sigma)
> X2 <- rnorm(N,muB,sigma)
> t.test(X1,X2)

        Welch Two Sample t-test

data:  X1 and X2
t = -1.8692, df = 996.89, p-value = 0.06188
alternative hypothesis: true difference in means is
not equal to 0 95 percent confidence interval:
```

```
      -2.37947835   0.05782716
sample estimates:
mean of x mean of y
 10.45007   11.61090
```

なんと $p\text{-}value = 0.06188$ なので，もう少しで有意差あり，と判断できるところに来ています。サンプルの平均も $N = 500$ 点ありますから，$\bar{x}_1 = 10.45, \bar{x}_2 = 11.61$ とほぼ理論通りです。このように，わずかな差でしかないのですが，統計的には有意であると判断できてしまいました。

このことから，統計的検定においてはもう1つ，「サンプルサイズが大きければ有意になりがち」という傾向がおわかりいただけたかと思います。これは「頑張ってデータを取れば有意差が得られる」と肯定的に考えてはいけません。むしろ，統計的仮説検定アプローチの問題点なのです。

ビッグデータと呼ばれるほど，何千，何万，何十万ものデータポイントを取ることができるようになった今，統計的検定ではほとんど「差がないとは言えない」という答えを連発することになり，実質的な意味がなくなっています。それどころか「有意になるまでデータを取り続ける」という間違った努力が実る（実はほとんど差がないのにあると結論づけてしまう）問題を含んでいるのです。

欧米の学会などでは，こうした問題があるため，統計的仮説検定のアプローチをやめるか，差が「あるかないか」の1ビット判断をやめて「どれぐらいの差があるのか」「実際その差は意味があるのか」という表現をすることが推奨されるようになってきています。

7.3 対応のある t 検定

対応のある t 検定は，例えば介入前と後の変化を見る，というときに用いられます。臨床的介入でも教育的介入でも，実験操作でもいいですから，同じ尺度で事前，事後の点数に変化があるといっていいか，検定しようというわけです。

数値例を作ってみましょう。平均 10，標準偏差 10 の正規分布から作られたデータ $X1$ があったとします。これに何らかの効果 D が加わって事後的な $X2$ になるとします。効果 D の影響の仕方も人によって違いがある，つまり正規分布に従うと考えてデータを作ります。対応のない 2 群のときとの考え方のちがいを図 7.3 に，それにもとづくコードをソースコード 7.2 に示しました．

ソースコード 7.2

```
# 対応のあるt検定
set.seed(7)
N <- 10
mu_pre <- 10
sigma <- 5
X1 <- rnorm(N,mu_pre,sigma)
diff <- rnorm(N,3,7)
X2 <- X1 + diff
```

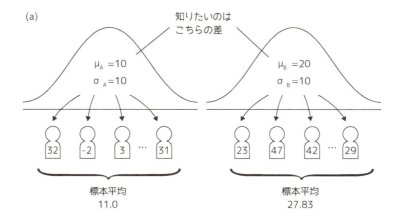

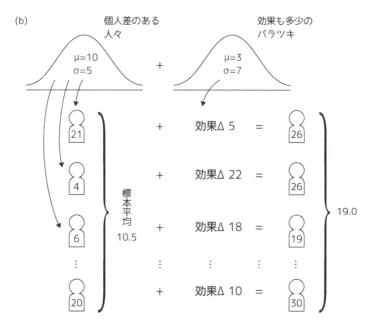

図 7.3 (a) 対応のない 2 群の t 検定，(b) 対応のある 2 群の t 検定の考え方

7.3 対応のある t 検定

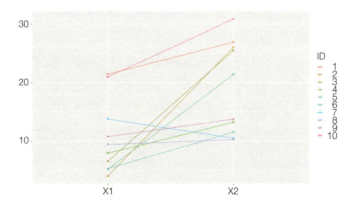

図 7.4 作られた「対応のある」2 群のデータ

これを使って，X1 と X2 の平均に差があるかどうか，対応のある検定をしてみます．対応のある検定にするときは，同じ t.test 関数に paired オプションで「スイッチオン」とするだけです．

```
> t.test(X1,X2,paired = TRUE)

        Paired t-test

data:  X1 and X2
t = -3.2656, df = 9, p-value = 0.009751
alternative hypothesis: true difference in means is
not equal to 0 95 percent confidence interval:
 -14.350257  -2.604982
sample estimates:
mean of the differences
             -8.47762
```

ここでも $p\text{-}value$ を見ます．数値は 0.0097（≒ 0.97%）で，5% よりも小さいので「差がないとは言えない」という結論になります．

ただし，これは両側検定です．対応がある検定で変化の方向性（数値が大きくなった，小さくなった）を含めて結論をつけたい場合，こ

れもオプションに追加することができます。たとえば今回は「前と後を比べると，後の方が点数が高くなった」ということを言いたい場合は，次のようにオプションをつけます。

Console Terminal

```
> t.test(X1,X2,paired = TRUE,alternative = "less")

        Paired t-test

data:  X1 and X2
t = -3.2656, df = 9, p-value = 0.004875
alternative hypothesis: true difference in means is
less than 0 95 percent confidence interval:
     -Inf -3.718795
sample estimates:
mean of the differences
             -8.47762
```

オプションでつける *alternative* は，「X1 が X2 に比べてより小さい (less)」か「より大きい (greater)」です。特に指定しない場合は，「両側検定 (two.sided)」を指定したことになります。この場合でも，*p-value* は変わりますが，統計的に有意な差がある，という結論は変わらないですね。

> 対応のある *t* 検定は介入前と介入後の変化を見るときに用いる。

第 8 章

1要因分散分析

　実験群と統制群，あるいは介入前と介入後，といった2つのグループを比較するときは t 検定を行うのですが，**3つ以上のグループになると分析方法の名前が分散分析に変わります**。Analysis of Variance の一部をとって，ANOVA と呼ばれることもあります。

　前の章でも述べたように，2群であれ3群であれ，基本的には群内の分散が小さく，平均の差が大きい＝群間の分散が大きい場合，「差がある」とはっきりいうことができます。分散の比率で（平均の差を）分析するという発想は群の数が増えても変わりませんが，3群以上の場合は使う統計量が t 分布でなく，分散の比についての分布である **F 分布**になります（t 検定になぞらえて F 検定ということもあります）。

　比較する水準が3つ以上になるのは，例えばA組，B組，C組のテストの平均点を比較する，という例を考えればいいでしょう。要因は「クラスごとの違い」，で水準はA, B, C組の3水準ということになります。これは1要因3水準の分散分析です。

　水準が2つでも，要因が2つになれば，合計の水準は 2×2 で4つあることになり，これも分散分析の対象になります。たとえば，テストの点数を比較するのがA組とB組の2クラスであっても，1年生と2年生の2学年あれば，1-A, 1-B, 2-A, 2-Bの4クラスを比較することになるので，分散分析で分析することになります。

　では最も単純な1要因3水準で，群間要因（Between デザイン，7.1.2 参照）の分散分析の例から考えてみましょう。

水準が3群以上になったときは分散分析で平均値を比較する。

8.1 群間要因の分散分析例

先に挙げた，ある学年の3つのクラスについて，とあるテストの平均点に有意差があるかどうかを検定することを例にあげましょう。

統計的仮説検定をする場合は，まず帰無仮説を置かねばなりません。手元のデータの平均値に差があるのは当然ですから（A, B, C組の平均点が，寸分の狂いなく $\overline{X}_A = \overline{X}_B = \overline{X}_C$ であることはむしろ稀でしょう），多少の差があったとして，それが偶然以上のものかどうかを考えたいわけです。

分散分析の帰無仮説は，$\mu_A = \mu_B = \mu_C$ ということになります。すなわち，データの平均ではなく母集団の世界において，その平均がイコールであるか，ということを検証します。母平均が同じであっても，サンプルはそこから発生した乱数みたいなものだからです。

この考えを元に，データを作ってみましょう。

ソースコード8.1

```
1  # 乱数の開始地点を決めます。カッコの中はどんな数字でもかまい
     ません。
2  set.seed(8)
3  # 全体平均mu と誤差に付く標準偏差(分散の平方根)
     sig を決めます
4  mu <- 10
5  sig <- 1
6  # データのサイズをN として決めます。今回は20 にします。
7  N <- 20
8  # データは全体平均に，正規分布に従う誤差が付け加わってできる
     と考えます
```

```
9    X1 <- mu + rnorm(N,0,sig)
10   X2 <- mu + rnorm(N,0,sig)
11   X3 <- mu + rnorm(N,0,sig)
```

データの成り立ちとして，同じ平均値 mu に，正規分布に従う誤差がつけ加わってデータ X_1, X_2, X_3 になっている，という形になっています。誤差は平均 0，標準偏差 σ でばらつきます。誤差はプラスにもマイナスにもなりうるので，平均が 0 だと考えます。極端に大きな誤差は出ないと考えますので，ここは正規分布に従って生じるとしましょう。ただし幅がわからないので，これは σ として任意に設定します。分散分析の考え方は，この σ と効果の大きさを比べてどちらが大きいかという話になるので，あとで違う数字を入れられるように sig という名前のオブジェクトを用意してみました。

さてこのように，サンプルサイズ，平均値，標準偏差が同じものであっても，サンプルが違えばデータはばらつくものです。今回も，平均を算出してみると次のようになりました。

```
> mean(X1)
[1] 9.799118
> mean(X2)
[1] 10.16938
> mean(X3)
[1] 9.912728
```

$\overline{X}_A = 9.80, \overline{X}_B = 10.17, \overline{X}_C = 9.91$ ですので，差はわずかですが，イコールではありません。さてこれが統計的にどうなるか，分散分析で確かめてみます。

その前に，データが 3 つのオブジェクトにバラバラと入っているのはわかりにくいので，次のようにしてデータフレーム型にします。データの値は val という変数名に，群の違いは group という変数

名にしました。群の違いは名義尺度水準ですから factor 型にしています。

ソースコード 8.2
```
dat <- data.frame(
    group=factor(c(rep(1,N),rep(2,N),rep(3,N))),val=c
    (X1,X2,X3))
```

要約を見てみると（summary 関数），20 個ずつのデータセットと全体の統計量が示されています。

```
> summary(dat)
 group       val
 1:20   Min.   : 6.989
 2:20   1st Qu.: 9.354
 3:20   Median : 9.925
        Mean   : 9.960
        3rd Qu.:10.605
        Max.   :11.951
```

これを使って分散分析の原理を説明していきましょう。まず全体平均値が 9.960 となっています。帰無仮説の世界が正しければ，すなわち 3 つの群の母平均が同じであれば，どの群であっても平均値は 9.960 になるはずです。しかし現実には，たとえば群 1 の平均値は 9.799 でした。この差分（$9.799 - 9.960 = -0.161$）が生じたのが群分けの効果，ということになります。3 つの群それぞれに生じた「群分けの効果」を計算してみたのが次ページの表 8.1 の 3 列目です。この大きさがどれぐらいなのか，足して考えたいところですが，平均という基準からの差で考えたので，すべて足すと 0 になってしまいます。

そこでこれを二乗して，足し合わせたときに意味のある数字にしましょう（表 8.1 の 4 列目）。この効果が各群の 1 つ 1 つのデータに

表 8.1 効果の算出

	群平均	全体平均	効果	効果の二乗	人数倍
X1	9.799	9.960	−0.1613	0.0260	0.520
X2	10.169	9.960	0.2090	0.0437	0.873
X3	9.913	9.960	−0.0477	0.0023	0.046
Sum	29.881	29.881	0.000	0.0720	1.439

生じた影響ですので，大きさ全体としてはデータの個数倍，つまり 20 をかけた値が「群分けの効果の総量」ということになります（表 8.1 の 5 列目）。一番下の列に総和したものを計算してみました。この「効果の総量」は 1.44 となります。

さて，理想的な世界をもう少し追いましょう。理想的には，どの群も平均は 9.96 なのですが，群 1 は群分けの効果が出たので 9.80 という値になったのでした。この効果が，20 個の個体すべてに影響したわけですから，理想的にはどの個体も 9.80 になるはずなのですが，当然そうはなっていません。データをいくつか見てみると様々な数字があって（表 8.2），その平均が 9.80 というだけなのです。この個体それぞれの違いは群分けの効果で説明できない「個体差」，あるいは「群内の変動」，もっというと実験計画に入っていない「誤差」で

表 8.2 個体差の算出

	データ	群平均	個体差	個体差の二乗
1	9.915	9.799	0.116	0.014
2	10.840	9.799	1.041	1.084
3	9.537	9.799	−0.263	0.069
4	9.449	9.799	−0.350	0.122
5	10.736	9.799	0.937	0.878
⋮	⋮	⋮	⋮	
総和				56.325

8.1 群間要因の分散分析例

す。この大きさを見積もったのが表 8.2 の 3 列目です。

この個体差の二乗を足したものは「群内変動の大きさ」で，これに比べて「群分けの効果の総量（群間変動の大きさ）」のほうが大きければ，差があったといいやすくなるのです（7 章を思い出してください）。

ちなみに今回の個体差の二乗を足したものは，56.325 です。しかし，これを群分けの効果の総量（1.439）と直接比較するわけではありません。群分けの方は 3 群，つまり 3 つの要素から，個体差の方は $20 \times 3 = 60$ の要素から作られたものですから，後者の方が大きくなって当然なのです。効果を生み出した 1 単位ずつで比較するため，要素数から考えた自由度で割ったもの，を比較します。

またここで自由度が出てきました。群の数やデータの数で考えれば話が早いのですが，このあたりは統計的仮説検定のトリックというか，確率分布のパラメーターで調整された統計量で比較検討するのですから，仕方がないと割り切ってください。また，ここでは原理を説明するために丁寧に計算を進めていましたが，実際は R の関数が効果の大きさも統計量も計算してくれます。

R で分散分析すると，分析結果は次のように示されます。

```
> summary(aov(val~group,data=dat))
            Df Sum Sq Mean Sq F value Pr(>F)
group        2   1.44  0.7196   0.728  0.487
Residuals   57  56.32  0.9882
```

aov 関数が分散分析の関数です。先ほど作った dat というデータセットに対し，val~group という分析モデルを当てはめています。ここでチルダ(~)の前にあるのが従属変数（データ），後ろにあるのが独立変数（群分け変数）を意味します。aov 関数だけでも群内・群間変動の大きさは算出されるのですが，統計量 (F) やその確率 ($Pr(>F)$

で表されています）は出てきません。そこで, summary 関数で結果の要約を示すようにすると，これらの数値が得られます。先ほどの例で示された数値で，何がどこに示されているか対応をよく確認しましょう。

ちなみにこの結果の出方は<mark>分散分析表</mark>といいます。分散分析表は自由度（Df）と変動の総量（Sum of Squares の略, Sum Sq と示されています），変動の総量を自由度で割ったもの（Mean Squares の略, Mean Sq と示されています），検定統計量 F の値（F value, ここでは $0.7196/0.9882 = 0.728$），自由度 $(2, 57)$ の組み合わせからこの F 値が出てくる確率 $Pr(> F)$ で示されています。

結果は，$p = 0.487$ で一般的な危険率 5% より大きくなったので，これでは「母平均が同じである」という帰無仮説を棄却できません。今回は帰無仮説の世界，つまり母平均が同じとしてデータを作ったのですから当然です。

例えば差がある世界からデータを作ったとすると,分散分析がしっかりと帰無仮説を棄却してくれます。試しに第二, 第三群の平均を，プラスマイナス 5 ずつずらしてみましょう。

ソースコード 8.3

```
1   # 全体平均mu と誤差に付く標準偏差(分散の平方根)
         sig を決めます
2   mu <- 10
3   sig <- 5
4   # データのサイズをN として決めます。今回は 20 にします。
5   N <- 20
6   # データに群ごとの効果を付け加えます
7   X1 <- mu + rnorm(N,0,sig)
8   X2 <- mu + 5 + rnorm(N,0,sig)
9   X3 <- mu - 5 + rnorm(N,0,sig)
```

結果は次のようになりました。

```
> summary(aov(val~group,dat))
            Df Sum Sq Mean Sq F value   Pr(>F)
group        2  984.5   492.3   14.56 7.81e-06 ***
Residuals   57 1927.6    33.8
```

今回は差がないという帰無仮説が棄却されました（$F(2,57) = 14.56, p < 0.05$）。

実際に研究，分析するときには，この例のようにどのようにしてデータが作られたかわかっているのではなく，結果として群分けの操作とデータの値があるだけです．結果としての群の平均値の違いから，母集団での違いを推測しつつ検証するのですが，「母平均が同じ群からきている，サンプルの違い」といえるかどうかを検証しているという，メカニズムの理解をしておくことが，統計的仮説検定の誤解を避ける方法です．

8.1.1　分散分析をした後で

さて，統計的帰無仮説検定のわかりにくいポイントの1つは，有意差が出たことで何がいえるかがわかりにくい，というところにあります．2群の平均の差の検定でも，「差がないとはいえない」という結論が出せるだけで，「差がある」と直接いったことにはならないからです．また有意差が出た，出ない，というだけの判断ではなく，どれぐらいの違いがあったのか，という大きさの判断も必要になってきます．

分散分析でも同様で，大きさの判断こそ大事なのですが，それと同じぐらい「差がないとはいえない」という言葉の意味を考えなければなりません．たとえば3つの群があって，差がないとはいえない，つまり帰無仮説は $\mu_A = \mu_B = \mu_C$，ということを前提としていたのですが，これが否定されるというのはどういうことでしょうか．

可能性としては，$\mu_A \neq \mu_B = \mu_C$（AとBは平均が違うがBとCは同じ），$\mu_A = \mu_B \neq \mu_C$（AとBは平均が同じだがCとは違う），$\mu_A = \mu_C \neq \mu_B$（AとCは同じでBだけ違う），$\mu_A \neq \mu_B, \mu_A \neq \mu_C, \mu_B \neq \mu_C$（それぞれ違う），というどれであっても帰無仮説を否定したことになります。そこで，分散分析が終わって差があることが明らかになってから，「じゃあどこなんだろうか」とさらに細部を探しに行く必要があります。

ここではテューキー（Tukey）のHSD法をご紹介しましょう。Rでは次のように行います。

```
> TukeyHSD(aov(val~group,dat))
  Tukey multiple comparisons of means
    95% family-wise confidence level

Fit: aov(formula = val ~ group, data = dat)

$group
          diff        lwr         upr      p adj
2-1   5.085085   0.6598262   9.5103445  0.0205917
3-1  -4.836294  -9.2615530  -0.4110346  0.0290814
3-2  -9.921379 -14.3466383  -5.4961200  0.0000041
```

TukeyHSDという関数に，先ほどと同じaov関数をそのまま入れます。結果では各群の差が示され，たとえばgroup 1と2の間の差は（*diff*の列，2 − 1の行を見てください）5.085で，少なくとも0.660, 多ければ9.510ほどの差があり，こうした差が得られる確率は$p = 0.02$と5%水準より小さいことが示されています。全体をみると今回の結果は，$\mu_A \neq \mu_B \neq \mu_C$という形で元々の帰無仮説が棄却されていたことがわかります。

「なんだ，ペアごとに差を検定するなら二度手間だな。最初にANOVA（分散分析）する必要なんかないんじゃないか」と思われ

る人もいるかもしれません。しかし，その考えは誤りです。基本的に，同じデータに対して何度も何度も検定を行うと，差がないのに間違えてあるといってしまう，いわば冤罪のような誤り（第一種の過誤）を犯しやすくなってしまうのです。そこで，まずは慎重に分散分析を行い，そこで差がないとはいえないかもしれない，となってはじめて，慎重に危険率を調整し（結果のところに adj とあるのは adjusted, 調整されたという意味），冤罪を犯さないように注意するのです。この調整方法が例えばテューキーの方法であり，他にも様々なものが考えられています。

分散分析は厳格な手続きです。非常に細かい手続きを要請してきますが，そのおかげで誰でも科学的判断ができるというメリットがある，と前向きに受け止めましょう。

> **Keyword　テューキーの方法**
>
> 分散分析で全体に差があることが示されたら，テューキーの方法で具体的にどこに差があるのかを確認する。

8.2　群内要因の分散分析例

先ほどは3つの群の平均値の違いを比較しましたが，対応のある変数の場合，たとえば反復測定のような群内の計画の場合はどう変わるのでしょうか。

例として，ある学級で 1, 2, 3 学期の試験をした結果，成績が伸びたかどうかを考えたいとしましょう。このときは3つの水準がありますが，その中に含まれる生徒は同じ人たちです。生徒の中には成績がいい人もそうでない人もいるでしょう。成績がいい人は3つの試験で 70 → 80 → 90 点と伸びていったとします。一方，成績が悪

い人でも 20 → 30 → 40 と伸びていったとします。ここでみたいのは「成績の伸び」ですから，どちらの生徒も右肩上がりに 10 点ずつ伸びているので，同じように効果が出ています。スタートが 70 点だったか，20 点だったかは関係ないのです。

群内要因（Within デザイン）の場合，こうした個人のベースライン，個人差を考慮して分散を考えることができるというのがポイントです。実は群間計画の中にも個人差はあったと思われますが，同じデータが複数回記録されることがないので，個人差を取り出すことができず，「個人差はない＝全部同じとしましょう」とするしかなかったのです。そういう意味で，群内要因として実験計画を立てる方が精緻に分析できます。

今回も，データの成り立ちから考えて仮想データを作ってみましょう。

ソースコード8.4

```
# 最初の平均値
mu <- 5
# 学級内での点数の散らばり
sig <- 5
# 学級の人数
N <- 20
# 一学期の成績
X1 <- rnorm(N,mu,sig)
# 二学期の成績＝一学期の成績＋効果＋誤差
X2 <- X1 + 10 + rnorm(N,0,3)
# 三学期の成績＝二学期の成績＋効果＋誤差
X3 <- X2 + 10 + rnorm(N,0,3)
# 三つのデータをまとめてデータフレーム型にします
dat <- data.frame(score=c(X1,X2,X3))
# 学籍番号(ID)を付け加えます
dat$ID <- factor(rep(1:N,3))
# どの時点(period)のデータなのかを付け加えます
dat$period <- factor(rep(1:3,each=N),labels=c("T1",
    "T2","T3"))
```

今回は20人の学級があって，最初は平均点50点ですが，徐々に平均点が10点ずつ伸びていった，という理想的なデータを考えてみます。毎回測定のたびに誤差が出ますから，たとえば2学期の成績は，1学期の成績に効果＋誤差がつくようにして作っています。Rではこのように書くことで，X1のそれぞれの要素（個々人の点数）に効果と誤差が足されていくことを表しています。

さて，これでデータを作るのですが，データには「誰のデータなのか」を表す識別番号（ここではIDという変数名にしました）が必要です。これがあるので，対応のある分析になるからです。$rep(1:N,3)$とあるのは，1からNまでの数列を3回繰り返せ，という意味です。なお，この個人の違いを表す変数IDもfactor型で表現することに注意してください。数字のままだとすると，Rが連続変数だと勘違いしてしまうからです。

さて，これで1人につき3つのデータがあるわけですが，どの時期なのか（1, 2, 3学期。ここではperiodという変数名にしました）も必要です。これがないと区別ができないからです。$rep(1:3, each=N)$とあるのは，1, 2, 3をそれぞれN回繰り返せ，すなわち1を20回，2を20回，3を20回繰り返すようにしています。

実際のデータを使う場合でも，このように「データ」と「変数名，個人名」を表す縦長のデータセットに並び変える必要がありますので注意してください。

さて分散分析の実行時に使うのは今回もaov関数ですが，ここで「個人差」を考慮することを指定するところが，前回と違うところです。具体的には次のように入力します。

ソースコード8.5

```
1    summary(aov(score~period+Error(ID/period),data=dat))
```

aov関数が分散分析の関数で，summary関数で結果の要約をする

ように囲んでいるところは，間要因のやり方と同じです。今回は先ほど作った dat というデータセットに対し，score~period という分析モデルを当てはめています。チルダ (~) の前後の置き方は同じです。違うところはその後ろで個人差を特定しているところです。Error(ID/period) は，period ごとの ID を誤差として考えなさい，という意味です。

結果の出力も，少し変わってきます。

Console Terminal

```
> summary(aov(score~period+Error(ID/period),data=dat))

Error: ID
          Df Sum Sq Mean Sq F value Pr(>F)
Residuals 19   2133   112.2

Error: ID:period
          Df Sum Sq Mean Sq F value Pr(>F)
period     2   4434  2216.8   384.5 <2e-16 ***
Residuals 38    219     5.8
---
Signif. codes:  0 '***' 0.001 '**' 0.01 '*'
    0.05 '.' 0.1 ' ' 1
```

まず分散分析表の前に，個人に応じて生じる誤差＝個人差が取り除かれています。Error:ID の箇所がそうです。個人による散らばりが 1 自由度あたり（1 人当たり）どれぐらいあったかを算出しているのです。

その下にあるのが必要な分散分析表で，個人の要素を取り除いた (Error: ID:period)，時期の効果が計算され，F 値や p-$value$ が計算されています。今回はしっかりと 10 点ずつ，個人差や測定ごとに生じる誤差よりも大きな違いが生じているので，p-$value$ が非常に小さく，5%水準で有意であることが示されました。

注意してほしいのは，結果の記述に際してです。今回の結果を報

告する際は，$F(2,38) = 503.1, p < .05$ とします。比較すべき誤差は，個人差に表された Residuals の大きさではなく，個人に伴って生じる時期の誤差の方（下の表の Residuals）なのです。

8.2.1 分散分析をした後で，その2

間要因のときと同じように，内要因のときもその後の検定が行われます。3つの時期で成績の平均値に差があるとはいえない（$\mu_{T1} = \mu_{T2} = \mu_{T3}$ が否定された）とはいえ，どこにあるかはわからないからです。

内要因の場合は，テューキー法では正しく調整できないとされているので，ここではボンフェローニ (Bonferroni) の方法を紹介しましょう。

```
> pairwise.t.test(dat$score , dat$period,
    p.adjust.method="bonferroni", paired=TRUE )

        Pairwise comparisons using paired t tests

data:  dat$score and dat$period

   T1      T2
T2 6.1e-12 -
T3 2.5e-14 4.8e-13

P value adjustment method: bonferroni
```

pairwise.t.test 関数は，ペアごとの t 検定を行うものです。どのデータについて，どの変数で比較するかを指定し，p.adjust.method でボンフェローニの方法を指定しましょう。最後に対応があることを指定 (paired=TRUE) して結果を出力します。

結果は総当たり戦の表のように，矩形で現れます。ここでは $T1$ と $T2$ を比べたときの（調整された）p-value が $6.1e-12 =$

0.00000000000061 とごく小さいので，当然 $p < 0.05$ であり，有意であった，と判断できます．今回はいずれにも差があるような理想的なデータ ($\mu_{T1} < \mu_{T2} < \mu_{T3}$) を作りましたから，当然どこでも有意差が見られています．

このようにして，内要因も分散分析を行うことができます．

> **Keyword　ボンフェローニの方法**
>
> 群内要因の分散分析で全体に差があることが示されたら，ボンフェローニの方法で具体的にどこに差があるのかを確認する．

第9章 実験計画

前の章では1要因の分散分析を紹介しましたが、この章では要因数が2つに増えた場合を解説します。まずは、要因が増えるとどういう注意が必要なのかを説明します。

9.1 要因が増えるときの注意点

例として、学生への教育効果を考えてみましょう。教育効果の要因として、担任の違いと、使っている教科書の違いを考えたいとします。ある教師Xに教わるか、ある教師Yに教わるか。教科書が甲なのか乙なのか。こうしたことを考えると、「教師」の要因に水準が2つ（X,Y）、「教科書」の要因に水準が2つ（甲と乙）なので、2要因、2×2で水準が3を超えるので分散分析になります（図9.1）。

図 9.1　2 要因と 4 水準

要因が増えても、「群間の差が大きく、群内の差が小さければ、差があると認めやすい」というルールは変わりません。ただ、要因が2つ以上になるときには気をつけなければならないことがあります。

1要因群間計画の場合は，「全体の変動＝効果の大きさ＋誤差の大きさ」でした。この「誤差（群内）に比べて効果（群間）が大きいか」という比率が問題だったわけですが（p.128参照），さて2要因がいずれも群間要因である，間×間デザインだとどうなるでしょうか。素直に考えると，「全体の変動＝要因Aの変動＋要因Bの変動＋誤差の変動」ということになりますが，実はそれだけではないのです。

　教師XとYの教え方に差があるかどうか，というのが教師の効果です。教科書甲と乙を比べると，たとえば甲の教科書はより高度な説明をしているので，こちらを使って教えると学生のやる気がなくなって成績が上がらないなどがあればこれは教科書の効果です。

　さらにたとえば，教師Xは教科書甲を使うと，より高度なことまで触れているのでかえって上手く教えられるのだけど，乙を使うとちょっと説明が雑になって学生の成績が低いままになる，ということがあるかもしれません。教師Yも教科書によって教え方が変わったりして，成績に影響を与えてしまうかもしれません。

　このように，要因が増えるとその「組み合わせの効果」が生じる可能性があるのです（教師と教科書の例えがわかりにくければ，「日なたと日陰」「肥料の有無」で植物の成長を測る実験，など他の「組み合わせの例」を考えてみてください。意外と身の回りにはいろいろな組み合わせの効果があるのではないかと思われます）。

　この組み合わせの効果は==交互作用効果==と呼ばれます（英語ではinteractionです）。これを踏まえて考えると，2要因の分散分析は，

　全体の変動＝要因Aの効果＋要因Bの効果＋組み合わせの効果＋
　　誤差

ということになります。組み合わせの効果＝交互作用効果に対して，要因だけの効果のことを==主効果==ということもあります（英語ではmain effectといいます）。

　ではもっと要因の数が増えたらどうでしょうか。たとえばこの2

人の教師が，2つの教科書を使いながら，2つの学校で教えていたとします。学校には校風によって成績に差がある，つまり学校の主効果があるかもしれません。また組み合わせの効果で，教師Aが能力を発揮できる学校があるかもしれませんし，さらに，教師Bが教科書乙を使って学校αで教えたときにだけ上手くいくような何かがあるかもしれません。

つまり3要因になると，

全体の変動＝要因Aの主効果＋要因Bの主効果＋要因Cの主効果＋AとBの交互作用＋AとCの交互作用＋BとCの交互作用＋AとBとCの交互作用＋誤差

となります。このとき，「AとBの交互作用」のように2つの要因の組み合わせ効果を一次の交互作用，「AとBとCの交互作用」のように3つの要因の組み合わせ効果を二次の交互作用と呼びます。

もうおわかりですね。要因の数が4つ，5つと増えていくと，交互作用も3次，4次のものまで考える必要があり，考えるべき要素の数がどんどん膨らみます（試しに4要因まで考えてみると，

全体の変動＝要因Aの主効果＋要因Bの主効果＋要因Cの主効果＋要因Dの主効果＋AとBの交互作用＋AとCの交互作用＋AとDの交互作用＋BとCの交互作用＋BとDの交互作用＋CとDの交互作用＋AとBとCの交互作用＋AとBとDの交互作用＋AとCとDの交互作用＋BとCとDの交互作用＋AとBとCとDの交互作用＋誤差

ということになります）。

ここで注意すべきことは，同じデータに要因を次々入れて考えても，左辺の「全体の変動」は同じということです。これに対して，右辺の考えるべき効果の数が増えます。誤差に対する効果の比率で考えるのですが，全体のパイが同じであれば1つ1つの効果の大きさ

が小さくなりますね。何より，「教師Aが教科書甲で学校αで指導案πで教えたときだけ上がる教育効果（3次の交互作用）」を解釈するのは大変です。

分散分析の面白いところは，データの変動を考えるべき要因に分割して比べていくことにあるのですが，細かく分割しすぎることは実践的にもあまり有意義なこととはいえません。心理学における実践例としては，3要因ぐらいで留めておく方がよいでしょう。

9.2 間×間デザインの分散分析の方法

ではさっそく2要因の分散分析の例について見ていきます。群間計画の方がわかりやすいので，そちらから。

9.2.1 Rで実際にやってみる

今回も理想的なデータを作って，思い通りの結果が出るかどうかを検証するようにします。

カバーストーリーとして次のようなものを考えてください。学級で子供達がひまわりの種を植えています。いろいろな条件で，1ヶ月間の芽の成長を比べる実験をするのです。実験の要因は2つ。水をあげるかあげないか，日光を当てるか当てないか，です。それぞれ「あげる・あげない」「当てる・当てない」の2水準で，10鉢ずつ合計40鉢で検証したとしましょう。1つの植木鉢は1つの組み合わせ（水なし・日光あり，など）に限定ですから，間×間の実験計画になります（図9.2）。

さて，効果を考えるときに，「平均からずれているところが群分けの効果だった」と考えたことを思い出してください。たとえば40鉢全部の平均が5 cmだったとして，水をあげたら7 cm，水をあげなければ3 cmの伸びだったとします。この±2 cmが水をあげるかどう

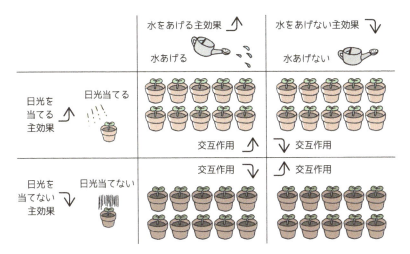

図 9.2

かの「効果」なのです。当然ながら，プラス方向とマイナス方向を合わせると0に戻ることに注意してください。たとえば3水準の要因があって(肥料多,肥料少,肥料なし，など)，平均の差を考えたとすると，肥料が多ければプラス3cm，肥料が少なければプラス1cmとすると，肥料なしだとマイナス4cmの効果が出ることになります。これは平均からの相対的な大きさで考えているからで[*1]，3水準あっても自由度が2になる理由がおわかりいただけるかと思います。

このことは，交互作用のときにもいえます。交互作用効果はいわゆる「組み合わせの効果」です。水も日光もある場合，水も日光もない場合に見られる違いと，どちらかだけある場合とで，符号が逆転した効果が現れると考えられるのです。このことを念頭に置いて，理想的なデータを作ってみましょう。

[*1] 本書では群ごとのサンプルサイズが同じであることを前提にしています。これが変わってくるとサンプルサイズをかけた大きさが効果になるので，ここまで単純な話にはなりません。

ソースコード 9.1

```
1   set.seed(9)
2   mu <- 20          # 全体平均
3   N <- 10           # サンプルサイズ
4   effectA <- 5      # 要因Aの効果
5   effectB <- 0      # 要因Bの効果
6   effectAB <- 10    # 交互作用の効果
7   # 以下，理想的なデータの平均値
8   idealA1B1 <- mu + effectA + effectB + effectAB
9   idealA1B2 <- mu + effectA - effectB - effectAB
10  idealA2B1 <- mu - effectA + effectB - effectAB
11  idealA2B2 <- mu - effectA - effectB + effectAB
```

　ここではまず，理想的な平均値（ideal… としているものです）を作ることにしました。全体平均，サンプルサイズに加え，効果の大きさを見積もっています。今回は

　水をあげると 5 cm 伸びる（$effectA = 5$）

　日光を当てるかどうかの効果はない（$effectB = 0$）

　水と太陽が組み合わさるとぐんぐん伸びる（$effectAB = 10$）

というものです。これらの効果が，相対的に，全体の影響に加わります。例えば水も太陽もある群 $A1B1$ では，水をあげる効果（+5 cm）に日光の効果（+0 cm ですが），そして交互作用でぐんぐん伸びる（+10 cm）と考えるのです。水をあげない効果（$A2$ の群）は −5 cm です。水をあげると縮むわけではないですが，相対的に不利だと考えます。同様に交互作用は，水も太陽もある，水も太陽もない，という組み合わせのとき（$A1B1, A2B2$）に生じ，それ以外のときには生じないのですが，生じないというのはそのぶん相対的にマイナス，と考えます。水も太陽もないのに +10 cm の効果が足されているようにも読めますが，これはあくまでも相対的な大きさだからこうなっている，という理解をしてください。

　さて，実際のデータはこれに誤差が生じて得られます。誤差とは

個体差もあるでしょうが，その他微妙な置き場所の位置（風が当たりやすい，など）や虫がついたかどうか，といった測定上わからないことも皆ひっくるめて「誤差」として考えます。間要因では，個体差とそれ以外の違いを区別できないのです。ともかく，そうした誤差がランダムにひっついて，実際のデータが得られると考えます。

データフレームの形に組み上げるのが次のコードです。

ソースコード 9.2

```
12   # 実際のデータはこれに誤差がついて得られる
13   sig <- 3   # 誤差の大きさ
14   A1B1 <- idealA1B1 + rnorm(N,0,sig)
15   A1B2 <- idealA1B2 + rnorm(N,0,sig)
16   A2B1 <- idealA2B1 + rnorm(N,0,sig)
17   A2B2 <- idealA2B2 + rnorm(N,0,sig)
18   dat <- data.frame(value=c(A1B1,A1B2,A2B1,A2B2))
19   dat$factorA <- factor(rep(1:2,each=N*2),
                          labels=c("water","no-water"))
20   dat$factorB <- factor(rep(rep(1:2,each=N),2),
                          labels=c("sun","no-sun"))
```

さて，これに対して分散分析を行ってみます。R の aov 関数で，交互作用はコロン (:) で表現しますので，$aov(value \sim factorA + factorB + factorA : factorB)$ と書きますが，次のようにアスタリスク (*) でつなげると自動的に交互作用項も含んでくれます。

```
> summary(aov(value~factorA*factorB,data=dat))
                Df Sum Sq Mean Sq F value   Pr(>F)
factorA          1    801     801  99.099 7.01e-12 ***
factorB          1      5       5   0.581    0.451
factorA:factorB  1   3582    3582 443.165  < 2e-16 ***
Residuals       36    291       8
---
Signif. codes:  0 '***' 0.001 '**' 0.01 '*'
    0.05 '.' 0.1 ' ' 1
```

今回はfactorBの効果をゼロにしましたので，Aの主効果と交互作用のところだけ，統計的に有意であることを示すアスタリスクがついていますね。仮想データなので，いろいろなパターンを入力し，誤差の標準偏差に比べて効果が大きいときに有意になること，サンプルサイズが大きくなると小さな差も検出してしまうことなどをしっかり確認してください。

9.3 内 × 内デザインの2要因分散分析手順

今度は群内要因です。群内要因の場合，個人差を見ることができるのでした（8章参照）。さらに誤差についても，個人差に伴う要因の誤差，という形で表現されます。

データがどのように組み上げられていくかを考えていくと，非常に多くの紙幅をとることになりますので，ここは1つ，先ほど利用した間 × 間デザインのデータをあたかも内 × 内デザインのデータであるかのようにみなして分析してみましょう。

内要因の計画として考える場合は，個人差（ここでは個体差でしょう）を識別する変数が必要なので，それを追加します。その上で，aov関数（分散分析）に「個人差（個体差）が2つの要因で繰り返し出てきている」ことを明示してやる必要があります。次のソースコード1行を実行すると，先のデータに個体差を識別する変数が追加されます。

ソースコード9.3
```
1  #個体差を識別する変数を用意する
2  dat$ID <- factor(rep(1:N,4))
```

このデータに対して，次のように aov 関数を書くことで内 × 内デザインの分析ができます。

```
Console  Terminal

> result <- aov(value~(factorA*factorB)+Error(ID/
(factorA*factorB)),data=dat)
> summary(result)

Error: ID
          Df Sum Sq Mean Sq F value Pr(>F)
Residuals  9  67.51   7.501

Error: ID:factorA
          Df Sum Sq Mean Sq F value   Pr(>F)
factorA    1  801.0   801.0   122.6 1.53e-06 ***
Residuals  9   58.8     6.5
---
Signif. codes:  0 '***' 0.001 '**' 0.01 '*'
    0.05 '.' 0.1 ' ' 1

Error: ID:factorB
          Df Sum Sq Mean Sq F value Pr(>F)
factorB    1   4.70   4.698   0.693  0.427
Residuals  9  60.98   6.776

Error: ID:factorA:factorB
                 Df Sum Sq Mean Sq F value   Pr(>F)
factorA:factorB   1   3582    3582     311 2.75e-08 ***
Residuals         9    104      12
---
Signif. codes:  0 '***' 0.001 '**' 0.01 '*'
    0.05 '.' 0.1 ' ' 1
```

aov 関数のモデルに Error(ID/(factorA*factorB)) が追加されています。これがそれぞれの要因について個人差があること，反復していることを意味する箇所です。

結果は上から，まず全体を通じた個人差（個体差）が取り除かれます。Error: ID が示すのがそれです。これは分析の対象になりません。実験者がコントロールできない問題だからです。次にそれぞ

れの要因についての誤差に対する効果が考えられますが，要因に伴って生じる誤差それぞれと比較するようになります。要因Aはそれに伴う誤差と比較して統計的に有意であり（$F(1,9) = 122.6, p < 0.05$），要因Bはそれに伴う誤差と比較して有意でない（$F(1,9) = 0.693, n.s.$），交互作用はそれに伴う誤差と比較して有意（$F(1,9) = 311, p < 0.05$）です。同じデータで同じような結果であっても，間×間の結果と数字が異なることに注意してください。誤差に関する考え方，どこと比較するかの考え方が，間×間計画のそれとはまったく異なるからです。

9.4 混合計画

時と場合によっては，間の要因と内の要因，両方が含まれる場合もあるでしょう。たとえば，2つの異なる学級で，1, 2, 3学期の成績の変化を見るという場合，学級は間要因ですが，時期は内要因です。間 (2) × 内 (3) の計画，ということもありますが，こうした間と内の両方が含まれる事例は**混合計画**と呼ばれます（図9.3）。仮想データは，内要因のときに作ったもの（p.133 参照）と同じようなものを，2つひっつけてみましょう。

混合計画のデータ
(我々はこれしかわからない)

		1学期	2学期	3学期
A組	山田	52	63	74
	上田	50	58	62
	村田	41	47	52
	⋮	⋮	⋮	⋮
	飯田	46	56	65
B組	杉山	24	33	39
	村山	21	34	40
	大山	28	35	35
	⋮	⋮	⋮	⋮
	岡山	20	31	39

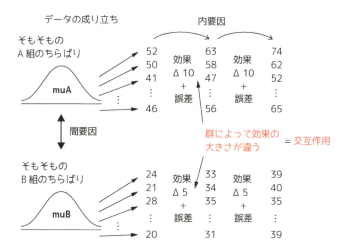

図 9.3　混合計画

ソースコード9.4

```r
1   # データを作る
2   muA <- 50           # A 組平均点
3   muB <- 30           # B 組平均点
4   sig <- 5            # 学級内での点数の散らばり
5   N <- 20             # 学級の人数
6   ## A 組のデータ
7   A1 <- rnorm(N,muA,sig)       #1学期の成績
8   A2 <- A1 + 10 + rnorm(N,0,3) #2学期＝1学期＋効果＋誤差
9   A3 <- A2 + 10 + rnorm(N,0,3) #3学期＝2学期＋効果＋誤差
10  datA <- data.frame(score=c(A1,A2,A3))
11  datA$ID <- factor(rep(1:N,3))
12  datA$period <- factor(rep(1:3,each=N),
                    labels=c("T1","T2","T3"))
13  ## B 組のデータ
14  B1 <- rnorm(N,muB,sig)       #1学期の成績
15  B2 <- B1 + 5 + rnorm(N,0,3)  #2学期＝1学期＋効果＋誤差
16  B3 <- B2 + 5 + rnorm(N,0,3)  #3学期＝2学期＋効果＋誤差
17  datB <- data.frame(score=c(B1,B2,B3))
18  datB$ID <- factor(rep(21:(20+N),3))
19  datB$period <- factor(rep(1:3,each=N),
                    labels=c("T1","T2","T3"))
20  dat <- rbind(datA,datB)  #結合して一つのデータにする
```

ここでも基本的に間要因には誤差がついてきますし，内要因にはそれに伴う誤差があります。どの誤差とどのように比較するのかに注意が必要です。ポイントは，内要因が関与しているものはすべて，それに伴う誤差があると考えますので，その誤差を明示的に書いてやるところです。

分析は次のように行います。誤差の書き方に注意してください。「時期」は個人の反復がある内要因です。それに加えて，「時期とクラス」の交互作用項にも，内要因である時期変数が入っているので，これも誤差の中で反復があることを明示して（ID/period:classの箇所）表現する必要があります。

```
> summary(aov(score~period*class+Error(ID/period +
    ID/period:class),data=dat))

Error: ID
          Df Sum Sq Mean Sq F value Pr(>F)
class      1  18939   18939   221.1 <2e-16 ***
Residuals 38   3255      86
---
Signif. codes:  0 '***' 0.001 '**' 0.01 '*'
    0.05 '.' 0.1 ' ' 1

Error: ID:period
             Df Sum Sq Mean Sq F value  Pr(>F)
period        2   4211  2105.6  385.57 < 2e-16 ***
period:class  2    485   242.6   44.42 1.67e-13 ***
Residuals    76    415     5.5
---
Signif. codes:  0 '***' 0.001 '**' 0.01 '*'
    0.05 '.' 0.1 ' ' 1
警告メッセージ: 
aov(score~period * class + Error(ID/period +
    ID/period:class), で: 
  Error() model is singular
```

　Prの値を見るとわかるように，今回はいずれの要因においても有意差が見られました。このようにして分散分析を進めていくことになります。

回帰分析

10.1 散布図に式を当てはめる

　ここまでは，2つや3つの群の平均値を比較する，あるいは複数の水準での平均値を比較する，ということを述べてきました。

　これはつまり，説明される方の従属変数は連続値で，説明する方の独立変数が離散値（名義尺度水準）だったわけです。では，説明する方も連続値だったらどうなるのでしょうか？

　どちらも連続量で，その関係を見るということであれば，3.1.2項で説明した相関係数を見ればよいことになります。しかし，これでは「一方が他方を説明する」という形にはなっていません。相互に関係し合うことが示されているだけだからです。一方が他方に説明されている，ということを表現するには，2つの変数 x と y の間に関数関係を想定しなければなりません。つまり，$y = f(x)$ のように表現することで，従属変数 y が独立変数 x に説明される，ということを表すのです。この関数の形はどのようなものでもかまいませんが，おそらく最も簡単な形は $y = \beta_0 + \beta_1 x$ でしょう。気取って β などとつけていますが，要するに $y = ax + b$ という中学校で最初に習う一次関数と同じことです（記号が違うだけです）。

　一次関数のことを思い出してみましょう。一次関数は直線になります。問題は，散布図に表される各点は既知のデータであるのに対し，このときの傾き β_1 と切片 β_0 は，データから見つけなければならない未知数だということです。

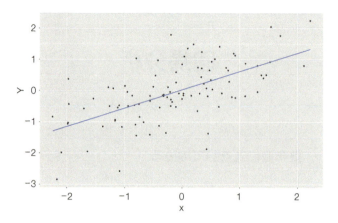

図 10.1　R による作図。青い線が回帰線

どのように線を引くのがよいかについては，2 つの説明の仕方があります。ただし，ここでの回帰分析にあっては，どちらのアプローチでも同じ答えになりますので，「正解に至るルートが 2 種類あるんだな」というぐらいの受け止め方で結構です。

10.1.1　誤差を最小にする

線を引く方法の 1 つとして，「真ん中を通るように」と考えるものがあります。傾き β_1，切片 β_0 の値によってはどんな直線でもありえるのですが，あまりデータから外れた線を引いても「x が y を予測（説明）している」とはいえません（図 10.2）。

図 10.1 のように，データにピッタリと当てはまる線を引きたいですね。データに当てはまるということをどう考えるか，ですが，完璧に当てはまった線を $\hat{y}_i = \beta_0 + \beta_1 x_i$ と考えると，それぞれの点が「完璧で理想的な線」から外れている程度を

$$y_i - \hat{y}_i = e_i$$

と表現できます。この $\hat{y}_i$ はワイハットと読み，予測値を表していま

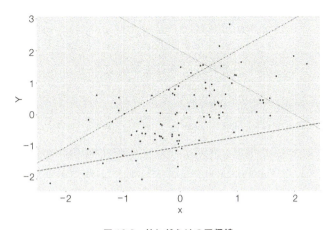

図 10.2　外れだらけの回帰線

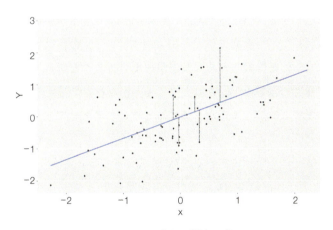

図 10.3　データと回帰線のズレ

す。個々の点 (x_i, y_i) の理想点，$(x_i, \hat{y}_i)$ からのズレを<mark>誤差</mark>，あるいは<mark>残差</mark>(residuals) と呼びます（図 10.3）。

各点についてこの残差が計算できますが，これが少なければ少ないほど良い当てはまりといえます。ちょうど真ん中，つまり残差を全部足すとゼロになるように ($\sum e_i = 0$)，かつ全体的に小さくなるように残差は上下に出ますし，そのまま足すとゼロになるので，符

号をなくすために二乗したものを最小にするとよいでしょう。つまり，$Q = \sum e_i^2$ の Q を最小化する β_0, β_1 の値が求める答えです。

この考え方が **最小二乗法** と呼ばれる解法です。

10.1.2　予測が完璧な場合を考える

もう1つの説明を考えてみましょう。本当は回帰線によって予測ができているとします。ではどうしてズレ＝残差ができてしまうのでしょうか？　それはデータを得るときには，誤差がつきものだからです。正確に予測したいのに，データに含まれる誤差成分のせいでランダムに値が上下するのだ，と考えると，先ほどの誤差 e_i は正規分布，すなわち左右対称で真ん中が盛り上がっているベル型の分布が想定できます（p.55 参照）。正規分布は平均と分散でその形が定められますが，今回は誤差なので平均は 0 で，分散は e_i^2 です。

この確率分布の観点から，誤差が正規分布すると考えると，最もぴったり当てはまる β_0, β_1 はどうなるか，と考えて答えを出す方法があります。この考え方が，**最尤法**（さいゆうほう）と呼ばれる解法です。

回帰分析の文脈では，最小二乗法でも最尤法でも，求める回帰係数の値は同じになりますので，特に区別を考える必要はありません。しかし，データが母集団からのサンプルである，と考えれば，「モデルは正しく予測するが，サンプリングするときに誤差がついてくる」という最尤法の考え方のほうがこれに合致します。統計モデルは様々に発展していますが，その方向の1つに正規分布以外の分布を考えるモデルなどがありますので，先々を考えると最尤法の考え方を理解しておいた方がよいでしょう。

10.2　Rで回帰分析をやってみる

それでは実際にRで回帰分析をやってみることにしましょう。今

回も，理想的なデータを作り出すところから考えます。

ソースコード 10.1

```
1   # 乱数の開始地点を決めます。カッコの中はどんな数字でもかまい
        ません。
2   set.seed(10)
3   # データのサイズをN として決めます。今回は 20 にします。
4   N <- 20
5   # 説明変数を作ります。今回は 1から100までの数字ならなんでもよ
        いことにします
6   X <- runif(N,1,100)
7   # 予測値は，説明変数の関数で計算します
8   Yhat <- X*0.8+10
9   # 実際のデータは，予測値に誤差がついて生じると考えます
10  Y <- Yhat + rnorm(N,0,10)
11  # 図示してみます
12  plot(X,Y)
```

今回は 20 個のデータを考えます。まず説明変数 X を一様乱数から発生させました。一様乱数とは，ある範囲内の数字がすべて等確率で出現するような乱数です。そして $X*0.8+10$ の一次式で理論的な予測値 $\hat{Y}$（Y hat）を作ります。ここまでは理想的な話なので，X の分布がどのような形であっても，一次関数の形で従属変数が作られていさえすればよいのです。

しかし，実際のデータはこれに誤差がついて手に入るのでした。誤差は平均 0 の正規分布に従います。今回この正規分布の標準偏差を 10 にし，これを $\hat{Y}$ に足したものがデータ Y です。最後に X,Y の散布図をプロットしてみました（図 10.4）。

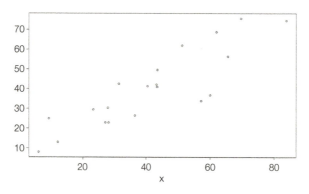

図 10.4 仮想データの散布図

では実際に回帰分析をやってみましょう。分散分析のときと同じで，チルダ (~) の前に従属変数を，チルダの後ろに独立変数を置き，関数は分散分析の aov ではなく線形モデルを表す lm を使います。

```
> summary(lm(Y~X))

Call:
lm(formula = Y ~ X)

Residuals:
    Min      1Q  Median      3Q     Max
-19.174  -4.550   0.204   8.207  13.711

Coefficients:
            Estimate Std. Error t value Pr(>|t|)
(Intercept)   7.1862     4.8739   1.474    0.158
X             0.8024     0.1061   7.565 5.38e-07 ***
---
Signif. codes:  0 '***' 0.001 '**' 0.01 '*'
    0.05 '.' 0.1 ' ' 1

Residual standard error: 9.736 on 18 degrees of
    freedom
Multiple R-squared:  0.7607,    Adjusted R-squared:
```

```
                0.7474
F-statistic: 57.23 on 1 and 18 DF,  p-value: 5.383e-07
```

Residuals が残差，Coefficients と書いてあるところが回帰係数を表しています。Intercept が切片 β_0 で，X の段が β_1 です。推定値 Estimate の列を見ると，$\beta_0 = 7.19, \beta_1 = 0.80$ ですね。回帰係数は 0.8 を想定していましたから，ほぼ正しく推定できていることがわかります。切片は 10 になってほしいところでしたが，これはサンプルサイズが小さいので少しズレたようです。

回帰分析はデータにモデル（回帰式）を当てはめることです。どんなデータ，推定法であっても，推定値は得られますが「本当にそのモデルが当てはまっているかどうか」は，実際に散布図に回帰線を引いたり，残差がどれぐらい大きいのかをみて考える必要があります。残差のところに，最小値は -19.174, 最大値は 13.711 とありますが，ここを見ながら「この誤差の大きさは無視できる程度なのかどうか」と考える必要があります。非常に緻密な予測をしたい場合は，残差の範囲が広すぎると実用に耐えないということになるかもしれません。数学的に答えは出るのですが，それが使えるかどうかはまた別の話であることを忘れないでください。

当てはまりの程度を評価するもう 1 つの基準は，予測値 $\hat{Y}$ と実際の値 Y の相関です。予測値と実際の値の相関が 1.0 に近ければ近いほど，よく当てはまっているといえるでしょう。相関係数は -1 から $+1$ の範囲に入りますが，この場合符号には特に意味がないので，相関係数を二乗したものを当てはまりの指標と考えます。それが**決定係数**とも呼ばれるもので，R では R-squared のところに示されています。今回は 0.7607 であり，1 に近いですから非常によく当てはまっているといえるでしょう。ただし，この決定係数はサンプルサイズが大きくなると自動的に 1 に近くなってしまいます。そ

うしたデータのサイズによる過剰評価を調整したものが，その隣の Adjusted R-square，すなわち自由度調整済み決定係数（R^2 値）と呼ばれるものです。いずれにせよ，係数だけでなくこれらの指標を見て，回帰分析そのものを評価する必要があります。

10.2.1 説明変数が複数になると

回帰分析は説明されるデータ Y に対して，説明するデータ X との関数関係を考えるのでした。上の例では説明するデータは X ひとつでしたが，2 つ以上になったらどのような式が考えられるでしょうか。最も単純な形は，そのまま足し算する，すなわち

$$\hat{Y} = \beta_0 + \beta_1 X_1 + \beta_2 X_2$$

という式を考えることでしょう。このように，説明が複数ある回帰分析のことを**重回帰分析**といいます（1 つの場合は特に**単回帰分析**と呼びます）。

R で重回帰分析をする場合は，特に複雑な準備はいりません。分散分析のときのように，説明変数を足し算する形で表現してあげればよいのです。

今回は R の中に入っているサンプルデータ，iris（アヤメ）を使って重回帰の例を示します[*1]。このデータは 3 種類のアヤメの花の，萼片 (sepal) の長さ (length)，幅，花弁 (petal) の長さ，幅 (width) が含まれています（単位は cm）。今回は萼片の長さを花弁の長さと幅で予測するモデルを書いています。

[*1] 統計学者フィッシャー（Fisher, R.A.）が分散分析を示すのに使ったデータなので，統計業界では非常に有名なデータです。R の多くの分析例に用いられますので，本書でもこの機に紹介しておきます。

```
> summary(lm(Sepal.Length~Petal.Length +
    Petal.Width,data=iris))

Call:
lm(formula = Sepal.Length~Petal.Length + Petal.Width,
    data = iris)

Residuals:
    Min      1Q  Median      3Q     Max
-1.18534 -0.29838 -0.02763 0.28925 1.02320

Coefficients:
            Estimate Std. Error t value Pr(>|t|)
(Intercept)  4.19058    0.09705  43.181  < 2e-16 ***
Petal.Length 0.54178    0.06928   7.820 9.41e-13 ***
Petal.Width -0.31955    0.16045  -1.992   0.0483 *
---
Signif. codes: 0 '***' 0.001 '**' 0.01 '*'
    0.05 '.' 0.1 ' ' 1

Residual standard error: 0.4031 on 147 degrees of
    freedom
Multiple R-squared:  0.7663,    Adjusted R-squared:
    0.7631
F-statistic:  241 on 2 and 147 DF,  p-value: < 2.2e-16
```

分析の結果は，

$$\text{萼片の長さ} = 4.19 + 0.54 \times \text{花弁の長さ} - 0.32 \times \text{花弁の幅}$$

というもので，残差は -1.18 から 1.02 ほど，自由度調整済み決定係数も 0.763 と当てはまりも良いことが示されています。

標準化された回帰係数

回帰分析はこのように，データに式を当てはめて係数を求めます。この係数のことを**回帰係数**(regression coefficients) といいます。た

とえば先ほどの重回帰分析の結果を見ると，花弁の長さが 1 cm 大きいアヤメは萼片が 0.54 cm 長く，花弁の幅が 1 cm 大きいアヤメは萼片が 0.32 cm 短い，というように解釈できます．実測単位と合致しているので直感的にも理解しやすいですね．ただし気をつけないといけないのは，この単位に依存して回帰係数が変わることです．例えば萼片の長さだけ，単位がミリメートルだったとすると，回帰係数は次のように変わります．

Console Terminal

```
> iris$Sepal.Length2 <- iris$Sepal.Length * 10
> summary(lm(Sepal.Length2~Petal.Length +
    Petal.Width,data=iris))

Call:
lm(formula = Sepal.Length2~Petal.Length + Petal.
    Width, data = iris)

Residuals:
     Min      1Q  Median      3Q     Max
-11.8534 -2.9838 -0.2763  2.8925 10.2320

Coefficients:
             Estimate Std. Error t value Pr(>|t|)
(Intercept)   41.9058     0.9705  43.181  < 2e-16 ***
Petal.Length   5.4178     0.6928   7.820 9.41e-13 ***
Petal.Width   -3.1955     1.6045  -1.992   0.0483 *
---
Signif. codes:  0 '***' 0.001 '**' 0.01 '*'
    0.05 '.' 0.1 ' ' 1

Residual standard error: 4.031 on 147 degrees of
    freedom
Multiple R-squared:  0.7663,    Adjusted R-squared:
    0.7631
F-statistic:   241 on 2 and 147 DF,  p-value: < 2.2e-16
```

回帰係数はそれぞれ 5.42, −3.20 になりました．説明される方の

単位が10倍されたので，係数もそれぞれ10倍しないと数字が追いつかないのです。もっとも，R^2 値などは相関係数なので変わりません。相関係数は標準化された値だからです。

このように，回帰係数は単位が変わると大きさが変わるので，単位に注意する必要があります。とはいえ，心理学の領域では特に，心理変数の多くは絶対ゼロ点をもたない間隔尺度水準なので，単位に意味がないことがあります。絶対的な大きさよりも，相対的な大きさの方が重要なわけです。そのような場合は，すべて標準化したデータで回帰分析を行うことがあります。このようにしておくことで，単位を気にすることなく，変数の影響力の相対的な大きさを検討することができるようになるからです。

先ほどのデータを標準化して分析した例が次のようになります。

Console Terminal

```
> iris.z <- data.frame(scale(iris[1:4])) # 標準化する
    関数 scale を使う
> summary(lm(Sepal.Length~Petal.Length +
    Petal.Width,data=iris.z))

Call:
lm(formula = Sepal.Length ~ Petal.Length + Petal.
    Width, data = iris.z)

Residuals:
     Min      1Q  Median      3Q     Max
-1.43146 -0.36034 -0.03336  0.34930 1.23564

Coefficients:
              Estimate Std. Error t value Pr(>|t|)
(Intercept)  -4.498e-16  3.974e-02   0.000   1.0000
Petal.Length  1.155e+00  1.477e-01   7.820 9.41e-13 ***
Petal.Width  -2.941e-01  1.477e-01  -1.992   0.0483 *
---
Signif. codes:  0 '***' 0.001 '**' 0.01 '*'
    0.05 '.' 0.1 ' ' 1
```

```
Residual standard error: 0.4867 on 147 degrees of
    freedom
Multiple R-squared:  0.7663, Adjusted R-squared:
    0.7631
F-statistic: 241 on 2 and 147 DF,  p-value: < 2.2e-16
```

今回，花弁の長さの回帰係数は1.155,花弁の幅の回帰係数は-0.294になりました。このような標準化された回帰係数のことを特に，標準化係数と呼びます。標準化されたデータの分析でも，R^2値などは変わっていないことに注目してください。

もう1つ，標準化されたデータの場合，切片β_0が非常に小さな値（$-4.498e-16 = -4.498\times 10^{-16}$）になっています。理論的には，この値はゼロになります。というのも，切片は独立変数と説明変数のベースラインの移動を意味しているからで，それぞれの平均的な値を調整するためのものだったからです。今回は標準化され，どの変数も平均がゼロになっていますから，この調整用の項は不要になったということです。

標準化された回帰係数と，そのままの（ローデータの）回帰係数の違いは一長一短ですので，状況に応じて使い分けられるようにしましょう。

重回帰分析のときの回帰係数

重回帰分析の場合の回帰係数は，正確には偏回帰係数(partial regression coefficients)といいます。「偏」という言葉がついています。これは説明変数が1つの単回帰分析の場合はつきません。どういう意味なのでしょうか。

実は重回帰分析の回帰係数は，解釈に注意が必要なのです。説明される変数Yに対して，説明する変数X_1, X_2があったとします。X_2の回帰係数は，YをX_1で説明しきれなかった残りを説明する

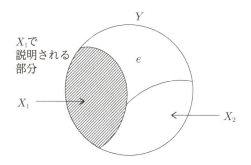

図 10.5　パーシャルアウトした影響力

部分，という意味です．つまり，X_2 そのものの影響力の強さではなく，あくまでも X_1 とともに考えるべき数字なのです．言い方を変えると，X_2 の影響力というのは，X_1 の値が同じであったときに，X_2 がどれほど影響するかという数字です．X_1 で押さえた残りの領域に対する X_2 の影響ですから，Y を X_2, X_3 で説明するときの X_2 の係数は X_1, X_2 のペアで Y に立ち向かったときとは当然違う影響力になるのです．この Y を X_1 で押さえる，というのは統計的に統制する，英語で partial out する，という言い方をしますので，「partial=部分的な回帰係数」という意味で偏回帰係数と呼ぶことになっています．

重回帰分析における，それぞれの変数の変回帰係数の解釈はこのように，まったく独立したものとして考えることができません．この点については，豊田 (2017)[*2] が詳しく説明しているので，興味のある読者は読み進められることをお勧めします．

10.3　モデルという考えかた

R で重回帰分析のモデルを書いたときに，aov 関数（分散分析）と

[*2] 出典：豊田秀樹（2017）もうひとつの重回帰分析, 東京図書

同じように，と説明しました（p.160参照）。変数を＋でつなげていくだけでしたが，分散分析のときのようにコロン：でつなげれば，交互作用も分析できるんじゃないか，と思った人もいるかもしれません。実はその通りで，lm関数（回帰分析）の中でセミコロンをつなげて書くと，それぞれの変数の主効果に加えて組み合わせの効果，交互作用項の係数も算出されます。ただし，偏回帰係数のところで説明したように，主効果にあたる他の変数を統制したときの影響力という考え方になりますので，独立したものとして評価するのが難しく，交互作用を考えるのはさらに面倒なことになります。ですので，基本的に重回帰分析の場合は「独立変数どうしは相関しない＝交互作用はない」と考えられる場合に用いるもの，とされてきました。実際に独立変数どうしが相関する場合は，多重共線性の問題が生じるといわれます。これは独立した評価が難しいので，推定された回帰係数が正しいものでなくなる可能性がある，という問題です。

このように面倒なことになるとはいえ，交互作用を考えることは不可能ではありません。多重共線性の問題がない，と判断されれば，慎重に交互作用項を導入する方法もあります[*3]。このように，回帰分析と分散分析は似たところがあるのです。ほかにも類似点はあります。回帰分析の結果の最後の行に注目してください（p.159など）。$F\text{-}statistic$（F値）という行があり，$p\text{-}value$（p値）も計算されています。F値やp値は分散分析のときに出てきたものです！　やはり何らかの関係があるのでしょうか？

実は，分散分析は回帰分析の特殊なケースだと考えることができます。冒頭でお話ししたように，説明変数が離散変数（名義尺度水準）なのが分散分析，連続変数（間隔尺度水準以上）なのが回帰分

[*3] 階層回帰分析と呼ばれる方法で，まず独立した効果を検証し，第二段階で交互作用項を入れるというステップを踏んで分析する方法があります。本書の範囲を大きく超えるので，詳しくは他書に譲ります。

析と名称が変わるだけなのです．この2つの分析方法をつなぐ考え方が，一般線形モデル (general linear model) というもので，どちらも直線を当てはめているよね，という考え方です．

説明変数が，・離散変数　→　分散分析
　　　　　・連続変数　→　回帰分析

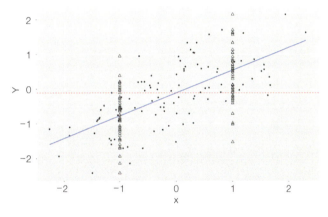

図 10.6　どちらも直線を当てはめている

図 10.6 には，あるデータ X, Y の散布図と，X の値を高・低の2群に分割したときの散布図を重ねて描いたものが示されています．回帰分析は，図にあるように直線を当てはめ，傾きの大きさを考えるものです．では，このデータが2群に分割されている離散変数であったらどうなるでしょうか？　実はその場合も，2群の平均点を通過する線を引くことと同じです．傾きが急である，すなわち，群間の差が大きい場合は有意差があるという結論になるのでした．これはつまり，傾きが水平線，すなわち傾き0といえなくない確率はどれぐらいか，を考えることと同じです．説明変数が離散変数なので話が単純になり，データの散らばりが図のように一直線上に並び

10.3　モデルという考えかた

ますから，データの散らばり（群内変動）に比べて傾き（群間変動）がどうか，という一点に絞って結論が出せる。これが差の検定のロジックだったのです。回帰分析の場合はデータが様々なところに飛び散っていますので，全体的な傾きをみることが強調されます。

2群以上の場合も基本的には同じです。この場合散布図が立体的になり，また回帰線が回帰「面」になります（図 10.7）が，2要因の分散分析の場合はデータが一部の組み合わせ点上に並び，面の傾きを考えるようなものです（図 10.8）。

このように，データの性質が違うだけで，どちらも線で表される関数を当てはめていたのだ，ということがおわかりいただけるかと思います。

本書で紹介した統計の考え方はごく基本的なものに限られていますが，より発展的なモデルになっていくとしても，基本的にはデータに関数を当てはめる，という観点で統一的に理解することができます。データの性質に合わせて，回帰分析や分散分析などと呼び方

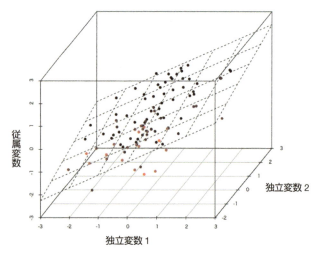

図 10.7　2 つの変数による回帰の面

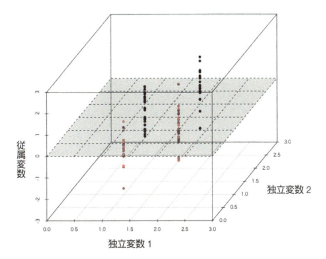

図 10.8　2 要因の分散分析モデル

が変わり，回帰係数に着目するのか有意差の有無に限定して考えるのかという違いはありますが，いずれも関数＝理想的なモデルを当てはめているのです。統計モデリングの道はまだまだ遠くまでありますが，進んでいくと徐々に検定結果よりも推定値やその精度が問題になっていくのです。

Rmarkdownによる レポートの作成

　この章では分析の話を少し離れて，RStudioを使った文書作成方法の話をします。RStudioは関数名を補完してくれたり，関数を強調表示してくれたりと，Rのコードを書くときに大変助けてくれる機能があります。ほかにもファイルの管理，プロットの操作，パッケージの管理など，Rを使っているときに必要な周りのお手伝いもしてくれます。

　さらに最近では，コマンドプロンプト（ターミナル，端末などともいわれます）が扱えるようになったり，データベースにアクセスする機能を追加したり，とR以外のことも色々できるようになってきました。RStudioを徹底的に活用する人にとっては，RStudioだけで完結できることが多くなってきていますから，大変ありがたい機能拡張だといえるでしょう。

　これらの機能は使わないからいらないよ，という人もいるかもしれません。でも，もう1つの拡張機能，RStudioを使った文書作成については，心理学を学ぶ学生さんにとっても非常に意義のある機能なのです。ぜひ有効活用していただきたいと思います。

11.1　レポートをちゃんと書こう

11.1.1　再現性の問題

　心理学を学ぶ人にとって，Rは統計の計算を代わりにやってくれる便利な道具です。面倒な計算から解放されて，結果を計算してく

れたり，図表に掲載する数字を出してくれるからです。つまり，目的は「心理学のレポート」を書くことであり，レポートのコンテンツ（内容）を充実させるためにRやそのほかの道具を使うことが多いでしょう。

　さて，目標がレポートを書くことにあるとして，ではR以外にどのような道具を使うでしょうか？　例えばWordやExcelといった，いわゆるOfficeツールは欠かせませんね。PowerPointなどで発表資料を作ることもあると思いますし，人によっては簡単な図形はPowerPointで描いてしまうという人もいると思います。

　これらのツールを駆使してレポートを書くことにするとします。まずはExcelにデータを入力します。入力が終われば，ここで簡単なグラフは描けてしまうかもしれません。次にそのデータを読み込んで，Rで統計的な処理をします。そして結果がわかったら，最後にWordを立ち上げて文章を書きます。文章を書いているときに，実験に参加してくれた人の数や平均年齢が必要になりました。そうするとまたRの画面に戻って，必要な変数だけ選び出して平均値の計算をします。それをWordファイルに書き写したら，今度は統計的な結果をRの画面で確認して書き写し，さらにRStudioのプロット画面から図のファイルを作って挿入して…と，こんなふうに作業を進めるのではないでしょうか。

　レポートは，大学に提出するにせよ，論文という形に仕上げるにせよ，ちゃんとしたものでないと意味がありませんから，これらの作業は慎重かつ丁寧に進めなければなりません。それでも人間のすることですから，どうしてもミスや間違いが生じることはあります。これまでのレポート作成方法だと，複数のアプリを同時に操作しながら行ったり来たりする必要があります。Excelで作った表をコピーしてWordに貼り付けるとか，Rで計算した数字を見てWordに書き込むといった循環作業がありますが，得てしてそうした循環の中

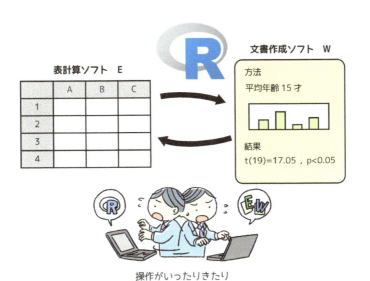

操作がいったりきたり

にミスが紛れ込みます。コピーしたはずなのに違う数字だった，違うグラフだった，ということがあれば，レポートに虚偽が含まれることになり，その価値を失ってしまいます。行ったり来たりする操作はなるべくなら少ない方が良いですね。

また，Excel などでグラフを書くときは，ボタンをポチポチっと押すだけで簡単にグラフを作ることができます（R とは大違いです！）。ここでデータに間違いがあったことに後で気付いたとします。当然，間違えたデータを使って作ったグラフは作り直しをする必要がありますが，「あれ？ どうやってこのグラフ作ったんだっけ？」と忘れてしまうこと，ありませんか？ 自分のマウスポインタの動きを覚えておくのは，様々な操作をしているときにはなかなか難しいものです。統計ソフトなんかの場合でも，結果は出せたけどどうやって結果を出したのか忘れちゃった，ということは少なくありません。「動き」を記録するのも難しいので，テキストも分厚くなってしまったりします。

これらの問題は，データ分析の結果の信ぴょう性に関わる重大なテーマです。誰がやっても同じ結果が出るからこそ，実験は意味があるし，結果は検証ができるのです。ある人が特定の振る舞いをした時でないと出ない結果は，科学的な価値がないといわれても仕方ありません。こうした問題を再現性の問題といいますが，レポートを書く上でも再現性を十分に確保することが重要です。

11.1.2　環境の統一と記録

ではこうしたミスが生じにくくするためには，どのようにすればよいでしょうか。しっかり注意して，集中力をもって，気合を入れて … と心理学的に訴えても，人間の真的メカニズムは完璧でないことは心理学でさんざん研究されていることです。

そこで「心がけより仕掛け」，環境や設備の方で人間のミスを生じにくくするようにすればよいのです。

ミスが生じやすい問題の1つは，複数のソフトウェアを行ったり来たりすること，でした。特にソフトAで作ったものをBにコピーして貼り付ける，という移動の時にエラーが起きがちなので(コピー&ペースト(貼り付け)の時に起きるエラーを総じて「コピペ汚染」といいます)，なるべくソフトウェアを統一する，環境をまたがないようにした方がよいでしょう。

幸いにして，RStudio はその機能拡張の中に，文書作成機能を取り込みました。つまり，最終的には Word でレポートを書く，ということをしなくても，RStudio の中でレポートを書いて出力することができるのです。RStudio は Word ファイルだけでなく，HTML 形式や PDF 形式のファイルも作ることができますので，様々なシーンで使うことができます。

RStudio はもちろん R を使ってデータを整えたり，図や表を作ったり，分析をしたりすることが本業です。そしてこの本業の操作を

Rstudioによる一元管理

そのまま，こうした出力ファイルの中に埋め込んでいくことができます。一方で分析して他方に貼り付ける，という行き来をすることがありませんので，汚染される危険性が少なくなります。データの入力の時だけ表計算ソフトを使い，結果を配布・印刷・提出するときだけ文書作成ソフトを使うことにして，執筆と分析はすべてRStudioに任せることができます。

さらに，Rでは分析に一言一句間違いのないソースコードを書く必要がありました。大文字と小文字も区別され，いちいちテキストの文字を読みながら打ち込まなければならないのは，大変だったかもしれません。しかし逆にこのことが，再現性の問題に良い効果をもたらすことは，もうおわかりですね。どのような分析をしたか，ということが逐一記録に残るわけですから，他の人が見てもどのような計算をしたかがわかるし，チェックできるのです。エラーが出てしまったり，思い通りのことができなかったりするときも，この記録を熟達した人が見れば，どこでエラーが出ているかとか，どうすれば良くなるかといったこともわかってもらえます。身振り手振りや，口頭で伝えるには限界がありますが，データとコードを渡せば誰

でもどこででも再現できるのです。これは科学の営みとしても，あるいは教育的な意味からも，とても大きなメリットだといえます。

11.2 構造化された文章

　少し話が横道に逸れますが，最近の文書フォーマットは，「形式」と「内容」を区別するのが一般的です。文書作成ソフトが出はじめた頃（1980年代ごろでしょうか）は，自由な書式やフォントで作文できることが喜びでしたが，文字の大きさや色，形などの形式的な情報を文書にもたせるとどうしても機種依存的になってしまうのが問題でした。現代ではインターネットのホームページなど，様々な人が様々な環境でテキストを読むわけですから，形式的な要素と意味内容は区別して作ることが重要になってきたのです。

　ところで，大学に入って「学術的なレポート」を書くこと，いわゆるアカデミック・ライティングをする時には，色々なマナーを教えられるのではないでしょうか。心理学では，「問題・方法・結果・考察の4セクションの構成にすること」とか，「引用文献はしっかりリスト化すること（さもないと剽窃になる）」とか，色々なルールがあって文章を書くことになります。それまでの教育では，自由に文章が書けたのに（書くように教わったのに），レポートとは面倒なものだな，と思った人もいるかもしれません。しかしこれも，形式を整えることで，研究のプロになればどこにどの情報が記載されているか瞬時に把握できる，といった利点があるからなのです。

　心理学に限らず，学術的なレポートは，段落構成が決まっています。一般に，4つの節（セクション）のそれぞれに，4つの項（小節，サブセクション）があり，節の中には項（小小節，サブサブセクション）があり，その中に段落（パラグラフ）があり，その中には文章（セ

ンテンス）がある，という入れ子構造です。最後の文章は，「1つの文章には1つの意味だけ」というマナーで書くことが良いとされています。4つの中に4つあって，さらにその中に4つあって，さらにその中に…と続いていきますが，4つの要素それぞれがそれぞれのレベルで「起・承・転・結」を意味することになります。これらを組み上げて，レポートが作られているのです。くり返しますが，ここまで形式化することによって，慣れてくると「どこに何が書いてあるか」が一目でわかるようになります。また，レポートを書けといわれても「何をどこから書いていいかわからないよ」と，書くことに困ることがありません。心理学の場合は，問題，方法，結果，考察に別れているのですから，例えば問題の中を4分割するなら，研究の始まり，先行研究，この論文につながる問い，この論文での問題，というサブセクションを置くのがよいでしょう。さらに研究の始まりについて4分割するなら，時代を10年ごとに区切って論じてもよいでしょうし，主たる研究を3つ，4つ取り上げて論じるだけでよいでしょう。このように，形式化することで内容を絞って洗練させやすいという利点もあるのです。

　ここで急に構造化された文章について紹介したのは，このあと紹介するRStudioでの文書作成の見出しの作り方に直結するからです。それではいよいよ，RStudioを使って文書作成をしていくことにしましょう。

11.3 Rmarkdown の使い方

11.3.1 サンプルをみてみよう

RStudio で分析を埋め込んだ文書を作成するときは，Rmarkdown という書式を使います．実は R とは別に，マークダウン (markdown) という非常に単純なファイル形式があります．この書式の単純さ，簡便さを RStudio に取り込んだものが Rmarkdown という書式になります．

まず RStudio の「File」から「New File」，その中でも「Rmarkdown」を選びましょう（図 11.1）．

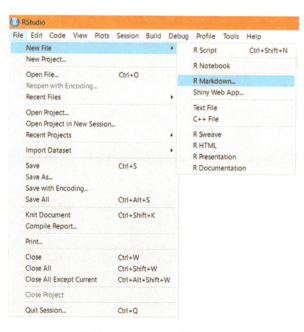

図 11.1　Rmarkdown 形式を選ぶ

これを選ぶと，出力ファイル形式が聞かれます。Rmarkdown で作成した文書は，最終的に HTML,PDF,Word ファイルのいずれかのファイル形式になって出力されるのです。ここでは HTML を選んでいます（図 11.2）。

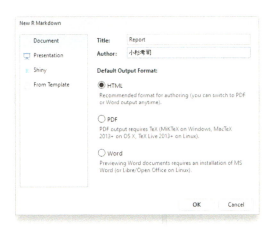

図 11.2　出力ファイル形式を選ぶ

　ここにはタイトルと作者名を入れるウィンドウがありますので，適当に入力して OK を押してみましょう。すると，何やらファイルが出てきます（図 11.3）。サンプルの文章が含まれているファイルなのですが，今から何が起こるかを確認するために，このままサンプルファイルを使ってみましょう。まずはファイル名が用意されていませんから，これを一旦どこかに保存しておきます（図 11.4）。
　さて次に Knit というボタンを押してみます（図 11.5）。初めてこのボタンを押すときは，出力形式のファイルを作るのに必要なパッケージを RStudio がインストールしたい，と言ってくるのでその許可を与え，パッケージのダウンロードで少し待たされますが，これは 2 回目以降は生じませんので少しお待ちください。無事にダウン

図 11.3　サンプル文章とともにファイルが作られる

図 11.4　ファイル名をつけて保存

図 11.5　Knit ボタンを押すとレポートが生成される

ロードが終わりましたら，ウィンドウが開いてHTML形式のレポートが出来上がっているのがわかると思います（図 11.6）。

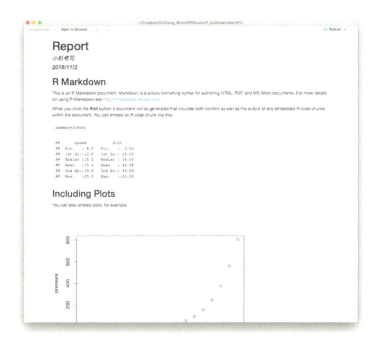

図 11.6　生成されたレポート

　ここでの文章はサンプルですから，英語のままになっていますが，元のサンプルコードと出来上がった画面を見比べると対応関係がすぐにわかると思います。文章はそのまま結果のファイルに出ています。Rのコードはソースコードでは灰色の枠内に入っていますが，それが出力ファイルの方ではコードとそのコードの実行結果として埋め込まれています。また，Rのコードの方で描画(plot関数を使っています）すると，その図が出力ファイルの中に埋め込まれているのが見えます（図11.7）。

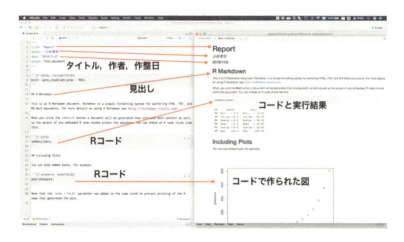

図 11.7　Rmarkdown ファイルと生成されたレポートとの関係

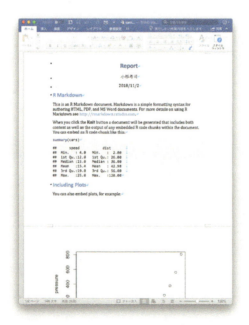

図 11.8　同じ Rmarkdown ファイルから作られた Word ファイル

これをみて明らかなように，文章とコード，その実行結果が出力ファイルの中に作られているのです。このようにしておくと，どのようなコードからどのような結果が計算されたのかが一目瞭然です。RStudio のなかで一元管理できていますね。ちなみに，出力ファイル形式を Word にすると，そのまま Word ファイルが作られて Word で確認することができます（図 11.8）。

11.3.2 ファイルの作り方

それではサンプルファイルを加筆修正しながら，Rmarkdown ファイルの作り方を説明します。

まずサンプルファイルの冒頭部分，点線で囲まれている箇所がありますが，ここには出力されるタイトル，作者名，日付，出力形式などの情報が記載されています。レポートの内容とは直接関係のない，形式的なところですが，これがないと出力ファイルが作れませんので必要な箇所だけ修正するようにしましょう（図 11.9）。

図 11.9　ファイル形式を指定する箇所

次に文章を書く前に，構造を考えます。構造のレベルは＃記号で決まります（図 11.10）。マークの数が1つ増えるたびに，1つレベルが下がるようになります。各レベルに見出しを付けた文章構成を考えましょう。ちなみに，ソースファイルの右上にある数本の平行線があるボタンを押すと，ソースファイルの右端に今作っているファイルの段落構成が，レベルに応じて字下げされて出てきますので，確

図 11.10　#マークと段落の対応

図 11.11　段落レベルの確認

認のために使うことができます（図 11.11）。

Rのコードを埋め込みたい場合は，メニューバーの「Code」から「Insert Chank」を選ぶか（図 11.12），ソースファイルの右上にある Insert ボタン（（図 11.9）の右の方）を押しましょう。Rのコードのほかに，Bash, Python, Rcpp など他のアプリケーションを実行するコードも選べますが，ここではRを選びます。すると，rで囲まれた領域が色付きで出てくると思いますので，この中に実行したいコードを書き込んでください（図 11.13）。

この実行される埋め込みコードは，チャンクという単位で呼ばれます。また，rの後ろに名前を付けることで，チャンクに名前を付けることができます。コードが増えてくると混乱することがあるので，毎回チャンク名を付けておくのがよいでしょう。また，チャンクの右端には緑色で三角のボタンがあります。これを押すと，その

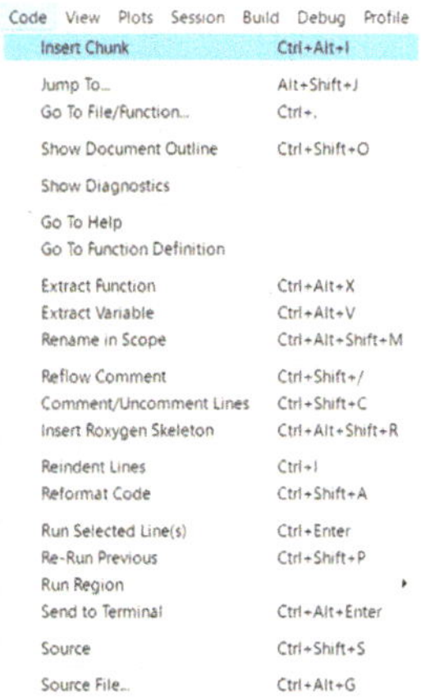

図 11.12　R コードの挿入

```
16  ```{r cars}
17  summary(iris)
18  ```
```

図 11.13　レポートに組み込む R コードを書くところ（チャンク）

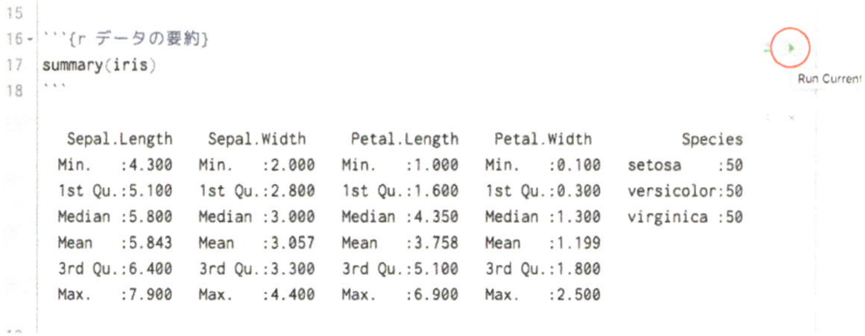

```
16  ```{r データの要約}
17  summary(iris)
18  ```

  Sepal.Length    Sepal.Width     Petal.Length    Petal.Width          Species
 Min.   :4.300   Min.   :2.000   Min.   :1.000   Min.   :0.100   setosa    :50
 1st Qu.:5.100   1st Qu.:2.800   1st Qu.:1.600   1st Qu.:0.300   versicolor:50
 Median :5.800   Median :3.000   Median :4.350   Median :1.300   virginica :50
 Mean   :5.843   Mean   :3.057   Mean   :3.758   Mean   :1.199
 3rd Qu.:6.400   3rd Qu.:3.300   3rd Qu.:5.100   3rd Qu.:1.800
 Max.   :7.900   Max.   :4.400   Max.   :6.900   Max.   :2.500
```

図 11.14　このチャンクの実行と確認

チャンクのコードが実行され，実行結果がソースの中に出てきますので，内容を確認することができます（図11.14）。このようにして，文章とチャンクを織り交ぜながらレポートを作っていくことができるのです。

ソースファイルの左下には，チャンク名や段落名が小さく記載されているところがあります（図11.15）。文章が長くなってきたときなどは，ここをクリックすることで，チャンクや段落のところにジャンプすることができるので，活用しましょう。

図 11.15　チャンクにジャンプできる

　これらの操作をして出力ファイルを作るには，先ほどと同じように，Knitのボタンを押すだけです。出来上がったファイルを見て，問題なく作られているか確認してみてください（図11.16）。
　このように，Rmarkdownを使って文章を作成すると，レポートがダイナミックに作られていくことがおわかりいただけると思います。ダイナミックに，というのは，もし同じ分析をすることがあるのであれば，読み込むデータファイルを変更するだけで結果もそれに伴って変化する，ということです。計算をした結果を埋め込むのですから，計算の手続きが同じでも，計算元の数字が変わったら結果は当然変わってきます。大事なのは，データが更新されるたびに計算コードを書き直す必要がないということです。例えば毎年同じ調査や実験をして，決まり切った年次報告書を書く，という場合は，レポートの計算に該当する書式だけ用意して，データを変えてやるだけでよくなります。

図 11.16　サンプルを改変して作成したレポート

　形式と内容を区別する，といいましたが，計算の手続きも形式化されるのであれば，このようなレポートの作り方も可能であるということです。

　RStudio を使った文書ファイル作成として，他にもスライドショーなどを作ることもできます。数式を埋め込んだり，引用文献リストを埋め込む作り方もできます。海外の出版社の書式に合わせたスタイルファイルなどもありますから，それを使うと「何行・何文字に整える」とか，「レポートを書くたびに引用リストの書式を作り直す」

といった手間から解放されることになります。

　より進んだ使い方を知りたい人は，高橋（2018）や松村・湯谷・紀ノ定・前田（2018）などを参考にしてください。

参考文献

1) 高橋 康介（著）2018 再現可能性のすゝめ（Wonderful R 3），共立出版
2) 松村 優哉・湯谷 啓明・紀ノ定 保礼・前田 和寛（著）2018 R ユーザのための RStudio［実践］入門—tidyverse によるモダンな分析フローの世界—，技術評論社

あとがき

　冒頭に述べたように，本書はRの基本的な関数，基本的なサンプルデータだけを用いて分析する方法を紹介している。また，パッケージの利用を極力避けているため，本来ならもっと簡単に利用できるはずのものを，わざわざ不恰好な形で示しているところもある。

　例えば分散分析では，群ごとのサイズが違う場合は本書のやり方では対応できず，タイプ3の平方和を求めるためにcarパッケージを用いるなどの工夫がいる。あるいは下位検定についていえば，anovakunと呼ばれる関数を使うことで自動的にすべて計算することもできる。こうした利点を捨ててまで，基本関数にこだわったのは，更新されていくRに対応するのと同時に，どこがどう変われば結果が変わるのか，といったことを自分で確かめることでより深い理解をすることができるからである。

　あえて極端な言い方をすれば，分散分析はオワコン（終わったコンテンツ）である。様々な改良，補正，修正をしながら使われてきているが，統計的仮説検定の枠組みに対する強い批判，それに代わる新しい研究法（階層線形モデリングやベイジアンモデリング）の登場で，もしかすると10年後には心理統計教育から姿を消すかもしれない。

　それがわかっている今だからこそ，原理的な理解をすることが活きてくると考えている。本書のとった「理想的なデータを作って考える」方法は，ベイズ統計学的アプローチを学ぶ上では非常に有用である。ベイジアンモデリングは非常に強力で自由にモデリングできる素晴らしい方法である。しかし強力で自由すぎるが故に，どんなモデルであっても何らかの答えが出されてしまい，それがあっているのかどうか判断する枠組みがない，ということもあり得る。そ

うならないために，ベイジアンモデリングのアプローチではまず，理想的なデータを作って，ベイジアンモデリングで分析し，自分で設定したパラメータが復元できることを確かめてから，実際のデータに向かうという順番を取った方が良い（詳しくは松浦健太郎「Rとstanでベイズ統計モデリング」，共立出版を参照）。こうしたパラメータ・リカバリの手法を，本書では従来型分析法に導入したともいえる。

　統計的仮説検定の考え方が批判されているといっても，「帰無仮説を立てて考える」という考え方のマナーは，心理学研究を進める上では重要である。心理学の研究法を学んだものであれば誰でも知っているように，研究対象が人間である心理学の場合は，実験者や研究者の意図を汲んで，回答者が反応したり，意識していなくてもミスリードしていたりすることがある。我々が客観的に自分を見つめようとしても，どうしてもどこかに主観的判断が入ってしまう。これをしっかりと統制，制御することが心理学研究の第一歩であり，心理統計の領域においても「自分がまったく意図しない仮説」を考えてから論理を進めていくことが求められる。こうした客観的であろうとする姿勢については，いくら強調してもしすぎることはない。その意味でも「客観的な仮説を考える」ことと「非常に主観的かつ理想的なデータを作る」ことの両極端を知っておくことは，重要なのではないだろうか。きっと我々が知りたい本当のことは，その間にあるのだから。

2018年12月　小杉考司

索 引

英文索引

- ANOVA 123
- aov 関数 134
- between 108
- contingency table 60
- CRAN 2
- csv 形式 33
- data.frame 型 32
- estimate 74
- factor 108
- factor 型 46
- head 関数 35
- help 関数 26
- interval scale 40
- level 108
- list 32
- lm 関数 158
- main effect 141
- max 52
- mean 50
- median 51
- min 52
- mode 51
- nominal scale 38
- null hypothesis 86
- ordinal scale 39
- pairwise.t.test 関数 136
- partial regression coefficients 164
- percentile 53
- population 73
- power analysis 93
- quantile 53
- R 1
- R^2 値 160
- range 53
- rational scale 41
- regression coefficients 161
- residuals 155
- Rmarkdown 178
- RStudio 7
- R のセットアップ 1

sample	73
sqrt 関数	25
standard deviation	52
str 関数	32
summary 関数	35, 126
test	74
t 分布	88
variance	52
within	108

和文索引

あ 行

一般線形モデル	166
因果関係	57
F 分布	88, 123
オブジェクト	27

か 行

回帰係数	161
下位検定	103
χ^2 検定	95
χ^2 値	95
χ^2 分布	88
ガウス分布	55
仮説検定	83
片側検定	110
間隔尺度水準	40
関数	21
観測度数	95
棄却域	86, 88
危険率	88
疑似相関	59
記述統計学	73
期待度数	95
帰無仮説	86
帰無仮説検定	83
共起関係	57
共変関係	57
区間推定	74
クロス集計表	60
群間	108
群間要因	109
群内	108
群内要因	109
検定	74, 83
検定力	90
検定力分析	93
効果量	91
交互作用効果	140
誤差	155
コードの補完機能	21
コメントアウト	22
混合計画	148
コンソール領域	12

さ 行

最小値 52
最小二乗法 156
最大値 52
最頻値 51
最尤法 156
残差 155
残差検定 103
サンプル 73
質的変数 43
四分位 53
シャープマーク 22
重回帰分析 160
自由度 97
自由度調整済み決定係数 ... 160
主効果 140
順序尺度水準 39
心理尺度 44
水準 108
推測統計学 73
推定 74
数量化 43
スカラー 27
正規分布 55
Z 得点 54
相関関係 57
相関係数 65

ソース領域 12

た 行

第一種の過誤 90
対応のある t 検定 118
対応のない t 検定 111
大小関係 39
第二種の過誤 90
対立仮説 86
多重共線性 166
ダミー変数 44
単回帰分析 160
中央値 51
中心化傾向 50
散らばり 50
データセット 27
テューキーの方法 132
点推定 74
統計ソフト 1
度数分布 88

は 行

パーセンタイル 53
パッケージ 2
パッケージの管理 15
範囲 53
ピアソンの積率相関係数 63

引数 25
標準化 54
標準正規分布 55
標準偏差 52
標本 73
標本誤差 80
標本統計量 74
比率尺度水準 41
不偏推定量 81
フリーソフトウェア 1
プロジェクト管理 15
プロンプト 21
分割表 60
分散 52
分散分析 123
分散分析表 129
文書作成方法 171
平均 50
平均の差の検定 88
ペイン 11
ベクトル 29
ヘルプ 15
偏回帰係数 164
偏差値 55
変数 57
母集団 73
ボンフェローニの方法 136

ま　行

無作為抽出法 73
名義尺度水準 38

や　行

有意水準 88
有意性検定 74
要因 108

ら　行

ラベル 22
乱数 76
ランダムサンプリング 73
両側検定 110
量的変数 43

195

著者紹介

小杉　考司（こすぎ　こうじ）　博士（社会学）

現在　専修大学人間科学部心理学科 准教授
　　　関西大学社会学部卒業，関西学院大学社会学研究科にて博士号を取得。
　　　日本学術振興会特別研究員，山口大学教育学部をへて現職。

NDC140　203p　21cm

Rでらくらく心理統計
（アール）　　　　　（しんりとうけい）
RStudio徹底活用
（アールスタジオ　てっていかつよう）

2019年1月23日　第1刷発行

著　者　小杉考司（こすぎこうじ）
発行者　渡瀬昌彦
発行所　株式会社　講談社
　　　　〒112-8001　東京都文京区音羽 2-12-21
　　　　　　販　売　(03)5395-4415
　　　　　　業　務　(03)5395-3565

編　集　株式会社　講談社サイエンティフィク
　　　　代表　矢吹俊吉
　　　　〒162-0825　東京都新宿区神楽坂 2-14　ノービィビル
　　　　　　編　集　(03)3235-3701

本文データ制作　藤原印刷株式会社
カバー・表紙印刷　豊国印刷株式会社
本文印刷・製本　株式会社　講談社

落丁本・乱丁本は，購入書店名を明記のうえ，講談社業務宛にお送りください。送料小社負担にてお取替えいたします。なお，この本の内容についてのお問い合わせは，講談社サイエンティフィク宛にお願いいたします。定価はカバーに表示してあります。

©Koji Kosugi, 2019

本書のコピー，スキャン，デジタル化等の無断複製は著作権法上での例外を除き禁じられています。本書を代行業者等の第三者に依頼してスキャンやデジタル化することはたとえ個人や家庭内の利用でも著作権法違反です。

[JCOPY]〈(社)出版者著作権管理機構 委託出版物〉
複写される場合は，その都度事前に(社)出版者著作権管理機構（電話 03-3513-6969，FAX 03-3513-6979，e-mail: info@jcopy.or.jp）の許諾を得てください。

Printed in Japan

ISBN 978-4-06-514487-9